LES CARNETS DE LUCIFER

OUVRAGES

DE

FRANCIS LALANNE

Ajedhora, *conte philosophique*

Le roman d'Arcanie (Les Belles Lettres)

Les poèmes d'amour les plus tendres
des troubadours à Verlaine.
Pour Elle, pour Lui, pour l'Enfant.
Choisis et présentés par Francis Lalanne
(Les Belles Lettres)

A PARAÎTRE
AUX
BELLES LETTRES

Le Chant de l'Ibex, *traité de poétique*

Francis Lalanne

LES CARNETS DE LUCIFER

LES BELLES LETTRES

1994

ISBN : 2-251-44021-6

À Mihail Chemiakin

ICH KENNE DICH, *du bist die tief Gebeugte, ich, der Durchbohrte, bin dir untertan. Wo flammt ein Wort, das für uns beide zeugte ? Du — ganz, ganz wirklich. Ich — ganz Wahn.*

Paul Celan

S E V E S

Ier tableau

IIe tableau

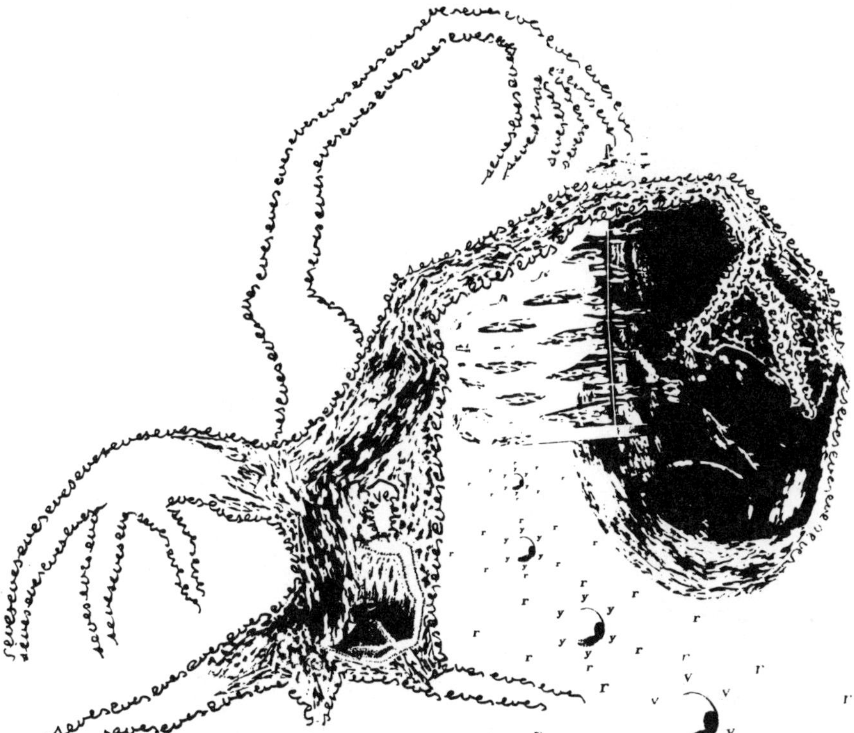

IIIe tableau

Quel âge est-il ? Je suis arrivé à l'extrême isthme de l'extrémisme adolescent. Au point de non-retour d'une lésion profonde qui, je le sais maintenant, désagrège mon âme depuis ma première éjaculation. La puberté fait de nous des monstres. Quoi de plus comparable à la mutation hideuse du loup-garou des légendes que cette modification implacable et définitive des tissus de l'enfance !

Il est temps que je m'interroge sur cette hydre qui vibre en moi, qui brûle et ronge mon tissage, dévore mes entrailles quand je n'écris pas ; qui lorsque j'écris devient un arbre dont je suis le fruit, distille au fond de moi cette sève au pluriel qui me relie à l'univers en circulant dans les deux sens comme dans les veines d'un pommier ; dans les vaisseaux d'un dragon ; dans les artères de l'absurde aux confins de l'ailleurs...

La première fois que j'ai trempé la plume dans ma pensée, c'était dans un flacon d'encre rouge. N'ayant jamais vu d'encre, je crus que c'était du sang. Dans ma frayeur, je renversai le tout sur la plage blanche de ma chemise. Appels au secourse folle vers ma mère. Elle, muette et blanche, en me voyant ; « Maman ! Je me suis fait bobo ! » Si blanche... Puis, découvrant qu'il n'y a là que matière à lessive, elle brise sa peur d'un rire soulagé. Depuis, je fais « ce rêve étrange » d'une femme qui pleure et rit en même temps, paralysée sur sa couche, et moi, penché sur elle, pénétrant son cou de mes crocs ; bain de sang sur le blanc de sa peau et du lit dans un silence assourdissant...

Suis-je vraiment ce vampire que je vois dans mes rêves ? Est-ce moi, mon double ou quelqu'un d'autre encore qui me vole mon visage ? Est-ce la part de moi que je dois oublier ? Plonger mon âme dans la vie des autres ! En retirer le suc dont je fais les mots de mes poèmes ! Digérer leur mémoire entre la vie et la mort et devenir immortel...

Faire quelques taches de couleur supplémentaires sur la toile du temps qui passe ! Partir à la recherche de formes qui sont la nuit des temps ! Et vivre une « saison en enfer » avec mes compagnons de galère, Rimbaud, Van Gogh et tous les saints, à la recherche d'une histoire, quelle qu'elle soit, pourvu qu'elle soit la mienne !

Voler le feu du ciel sans me brûler les ailes, et puis voler aussi, de parole en parabole, en suivant la farandole des idées, pour décider, à chaque maillon de la phrase, du sens et de la structure que je veux donner à ce qui vibre en moi, simplement parce que je veux l'être, presque lettre par lettre, et vraiment, quelle que soit la folie qui pousse dans ma tête : je veux dire moi-même...

Je suis un monstre ! C'est entendu et jusque-là tout est normal. Mais quand mes pyramides dansent, il y a cet œil de feu qui traverse leurs pierres et me regarde. Avec ma plume je tente en vain de le crever. En vain, parce que cet œil est une bouche et qu'il me tend les lèvres. Alors j'essaie de les embrasser mais je me brûle le cœur parce que cette bouche est un sexe ; il me dit « rêve-toi et parle ! » Cet œil me parle ! Et du calame de ma langue alors j'inscris sa résonance en cris de mots sur le papier. Puis je le perds à nouveau ; l'arbre en moi redevient hydre ; ses branches, des tentacules ; et j'ai mal. Mon sang se glace, mes sens et mes sèves tarissent. Alors j'attends encore que l'œil de feu m'appelle et je trempe à nouveau ma plume dans ses flammes ; et mon démon se tait puis renaît puis se tait... Puis renaît de ses cendres comme de mes ratures sur un nuage de Tipex ou le brouillard arrêté d'une gomme. S'il n'était pas en moi, je ne le tuerais pas, et si je ne le tuais pas, je ne pourrais pas vivre. Lui aussi a besoin de redevenir arbre et c'est pour ça qu'il me fait mal...

Je suis un prince sans royaume, errant solitaire sous la lumière des ténèbres ; je ne vois bien que dans le noir.

Thouth nothing can bring back the hour
Of splendour in the grass, of glory in the flower...

William Wordsworth

Lorsque j'était enfant, j'étais hanté par Eldwin, un clown noir dans ma tête. Ennemi de mes songes, il me terrorisait. Il me persécutait ; me poussait de mes nuages et me faisait tomber jusqu'à ce que je me réveille. Ou bien il déchirait mes ailes et faisait peur aux amis de mes rêves. Mes amis : un petit chien, et une petite fille, à peu près de mon âge, que j'avais baptisée Clochette. Car, avant de l'apercevoir, j'entendais l'air toujours qui tintinnabulait. Je dis rêves et pourtant leur monde était le mien. Je me levais le matin dans une réalité. Je me couchais le soir et m'éveillais dans une autre, différente, mais où le temps passait en trois dimensions du matin jusqu'au soir. Si bien que, m'endormant dans l'une et m'éveillant dans l'autre et ce inversement chaque jour, chaque nuit, j'ai cru longtemps que le monde était double et je le crois encore, même si je ne le vis plus. J'ignorais même le sens que les grands donnaient au mot rêve, qui signifiait pour moi l'autre réalité. Avec le petit chien et mon amie Clochette, nous voyagions ensemble sur mon lit par-delà les étoiles dans des contrées aux couleurs irréelles où tout était lumière. Dans ces îles lointaines, j'étais toujours protégé par des anges à la peau verte, transparents et filandreux ; des pyramides volantes aux mouvements kaléidoscopiques...

Mon Dieu, que d'aventures dans le ciel d'où je me réveillais vomissant de frayeur et de je ne sais quel air qui me semblait irrespirable, avec cette sensation d'avoir quitté mon corps et lutté pour le retrouver, comme si mille « quelqu'un » voulaient s'en emparer pendant mon voyage. Eldwin était le grand orchestrateur de ce sentiment de mal-être. Il me couvrait de maléfices. Jamais je ne triomphais des combats qui nous opposaient. Fracas des épées dans les plaines célestes, courses et joutes hors de l'espace-temps, nous franchissions les limites astrales, nous bondissions de planète en planète. Mais j'étais toujours à la merci d'Eldwin, au point de me sentir paralysé par la seule idée de le croiser ne serait-ce que dans une pensée. A cause d'Eldwin je finis par avoir peur de mes « rêves », de cette vie de l'autre côté... Je ne voulais plus dormir afin de ne plus m'éveiller. Dormir, cela voulait dire, pour moi, devoir l'affronter encore ; tomber de mon rêve et m'écraser dans l'éveil.

(Eldwin existe : je le sais. Il est bien plus qu'un cauchemar...)

Je décidai de n'en parler jamais à personne et de prier le bon Dieu pour qu'il m'envoie de l'aide. Cela ne tarda guère, je reçus dans mon sommeil le message d'un vieil homme (celui qui me parle depuis toujours lorsqu'il vient dans mes yeux) :

« Il ne faut pas avoir peur, me dit-il. Ignore Eldwin ! Ainsi c'est lui qui chutera ; car c'est en leur tournant le dos que l'on triomphe des monstres qui nous habitent. Mais que ton dos soit un rempart, un bouclier, pas une cible. Eldwin ne pourra te toucher. Eldwin prend corps en toi ; dans cette peur qui lui donne tes ailes. N'aie plus peur d'Eldwin ; ne lui donne plus d'existence ; Eldwin ne sera plus ! »

Je me souviens de cette nuit car Eldwin ne vint pas. Quand il revint, quelques rêves après, j'appliquais la leçon du vieil homme. Pour la première fois, ce fut Eldwin qui tomba ; qui chuta de mon ciel. Le lendemain à mon réveil je pris ma plume et j'écrivis mon premier poème. C'était à Mont-de-Marsan le 13 mai 1968.

La mort d'Eldwin

Aujourd'hui j'ai fait fondre Eldwin ;
Je l'ai fait tomber d'un nuage
Et je suis resté dans le ciel
Sans tomber ; debout comme un oiseau !
J'ai marché sur l'arc-en-ciel,
Et je ne suis pas tombé.
Eldwin ne me fait plus peur ;
Et j'ai fait chanter l'arc-en-ciel avec moi
De toutes ses couleurs
Et j'ai bu toute la pluie
Qui faisait peur aux nuages.
Sans tomber, j'ai marché dans le ciel,
Et j'ai dansé sur les ailes des oiseaux !
Je me suis fait plein d'amis dans le ciel ;
Des amis blancs, des amis bleus, des amis verts...

J'ai traversé l'horizon sur le bateau de mon lit
[dans les deux sens,
Et je suis devenu rivière dans la mer ;
Et j'ai vaincu Eldwin !
J'ai nagé dans le soleil sans me brûler ;
Sans tomber j'ai nagé dans la lune aussi ;
J'ai traversé la lune dans les deux sens,
Il y avait des étangs comme des miroirs pleins
[d'étoiles ;
J'ai plongé dans les miroirs sans me faire mal,
Et j'ai ramené plein d'étoiles pour m'en faire des
[billes ;
Et j'ai volé ! J'ai volé plus haut que le bon Dieu !
Eldwin m'a laissé faire. Il est peut-être mort ?
Je ne sais pas, je l'ai vu fondre en tombant du nuage,
Disparaître dans l'air au-dessus de mon lit.
Tremble, Eldwin !
Je n'ai plus peur de toi !
Aujourd'hui pour la première fois
Je t'ai vaincu.
J'ai marché dans le ciel sans tomber.
Maintenant je suis libre !
Libre de m'amuser avec mes pensées ;
Libre de rire et de pleurer ;
De l'autre côté de mes yeux,
Dans les forêts de quand je les ferme,
Et dans les murs de quand je les ouvre.
Eldwin ! peut-être un jour tu seras mon ami ?
Je ne sais pas !
Tant mieux ! Tant pis !
Tout ce que je sais
C'est qu'aujourd'hui
Je n'ai plus peur de rêver...

Avec la mort d'Eldwin mes rêves s'éteignirent. Je veux dire par là qu'ils devinrent des rêves. Coupé de ce réel qui n'était rien qu'un songe et de ce monde-là qui cessait d'être double, il ne me restait plus de mes ailes arrachées que cette plume avec laquelle j'écris.

Je ne m'éveillerai plus après m'être endormi dans une autre réalité mais dans la même avec en souvenir, ramenés de ma mort, ces morceaux d'un puzzle perdus dans les méandres de la nuit, que sans pouvoir jamais vraiment réassembler notre mémoire veuve appelle encore un rêve.

Exilé dans ce réel dont aujourd'hui je me sens prisonnier, dans cette peut-être illusion que l'on nomme réalité, je me suis accroché à mon premier poème comme à la carte du pays qui s'appelle moi-même. Et dont je suis peut-être un songe. Est-ce la mort d'Eldwin qui m'en tient éloigné ? Ce que je sais c'est que c'est ce jour-là, le jour de mon premier poème, à l'aube de ce jour « que je l'ai disparu ».

Depuis je cherche désespérément le pays de Clochette et de mon frère chien. Sont-ils eux aussi perclus dans leur exil à ma recherche, à leur recherche ? Ô Clochette ! Entends-moi ! Reviens voyager sur mon lit ! Je me souviens dans le détail de toutes nos aventures ; raconte-les-moi, que je te reconnaisse ! Petite fée de mes sphères astrales, comment te retrouver ?

Est-ce toi que j'appelle dans toutes les femmes ? Est-ce Eldwin qui, dans l'ombre, me tourmente quand je ne dors pas ? Peut-être es-tu sa prisonnière ! Peut-être que ce sont tes appels au secours qui me jettent dans le trouble de mes torpeurs envahissantes, de mes rictus ténébreux (sans raisons apparentes) ! Et peut-être me suffit-il d'évoquer ton souvenir pour que mes pensées te délivrent ! Alors, tu t'envoles dans mes sens enivrés par ta présence, tu caresses mon âme. Peut-être est-ce ta main qui prend la mienne lorsque j'écris comme pour laisser, au fil des mots sur le papier, une trace de ton sillage étoilé. Peut-être connais-tu mon jumeau des nuages. Es-tu sa fiancée ?

Più volte Amor m'avea già detto : Scrivi,
Scrivi quel che vedesti in lettre d'oro ;
Siccome i miei seguaci discoloro,
E'n un momento gli fò morti e vivi.

Pétrarque

Pour écrire, il m'aurait fallu des mots comme des jardins. Des fleurs vierges sur ma tombe muette. Un peu d'amour aussi... peut-être...

Flash-back, rue Soufflot, le jour de mes dix-neuf ans. Touché comme une présence, un murmure, un souffle, une larme de vent. Puis au bas de chez moi, 5 rue des Feuillantines, une main comme invisible frôlant mon épaule, une ombre de moi qui me dit « va dormir ».

Le tapis vert qui tombe sur l'escalier comme un manteau de vagues sur le flanc d'une cascade, l'illusion du mouvement... Monter les marches comme d'habitude, refaire ce même trajet sans pour cela rencontrer le temps.

Il aurait fallu que je m'arrête une minute, juste pour me dire que j'étais vivant. Mais, ce jour-là comme les autres jours, je l'étais sans le savoir. Je passais sans me voir... Caresser la rampe ! Chercher des coins de fraîcheur sur le bois rond, doucement, jusqu'au troisième étage ! Il y avait comme un courant d'air qui me courait sur les idées, un frisson de n'importe quoi ; pourquoi l'intelligence, la pensée, toutes ces sortes de choses ? Se sentir aussi dément, aussi lucide à la fois, aussi...

Step après stop, à chaque palier, je ressentais pourtant comme un bien-être. Celui, je crois, de n'être pas encore arrivé... Le troisième ! Habiter le troisième dans un immeuble de cinq étages ! Et passer deux étages et quelque avant d'arriver en haut de ce presque milieu ! Que la vie est longue ! Autobus ! Bouches d'égouts ! Métros ! Cités du bout du monde ! Je voudrais vous dissoudre... Trottoirs ! Caniveaux ! Vitrines des petits magasins ! (Où l'on ne sait pourquoi des clients viennent quand même se perdre.) Passages obligés ! Je voudrais pouvoir vous réduire en poussière et mettre un nom sur chacune des particules microscopiques qui vous composent... Chercher en vain une logique, un ordre à ce qui focalise la haine, et ne trouver que des mots, des bris de rêves qui se cachent ; des taches de nous sur nous-mêmes ; des points de fuite qui se brisent sur les volets clos de notre être ; un trousseau de clefs sans serrures ; et me voilà devant Ma porte ; où sont passées mes clefs ? Trois étages pour rien. Je ne peux pas rentrer chez moi. Je m'assois par terre sur la moquette verte. Je m'endors et voilà ; points de suspension...

Rue d'Ulm, la postière du guichet trois est belle. Je l'aime. Elle ne le sait pas. Je n'oserai jamais le lui dire et j'imagine avec ferveur le bout de ses doigts (souillés par les formulaires et les billets de banque) **élaver mon entrecuisse.**

J'aurais voulu dénoncer mes rêves mais qui pourrait croire, autour de moi, qu'ils sont vraiment responsables de mon désir ? Comment l'homme pourrait-il, dans l'enfant qu'il a éjaculé, retrouver la trace d'un sperme qu'il n'aurait destiné qu'à la reproduction ?

Je crois que c'est la puanteur de cette poste, cette odeur de tabac et de coups de téléphone, qui donnait à cette postière une allure de princesse en exil ou de fleur sur un tas de fumier.

Un bruit me réveilla. Un bruit sourd et muet, presque subliminal, un coupe-sommeil, le réveil d'une peur peut-être... Il faisait noir dans le couloir, et soudain je sentis que dans le foutoir de mes états d'âme toutes les pendules allaient se remettre à l'heure, tout allait rentrer dans l'ordre, dans un ordre en tout cas. Lequel, je ne le savais pas encore.

La petite lueur orange faisait foi dans l'obscurité. J'allumai la lumière près de l'ascenseur et je regardai ma montre. Il était onze heures, un peu plus ou un peu moins. Je ne sais pas si j'avançais ou si je reculais, je veux dire les aiguilles. Les mains dans les poches, une lueur froide me rendit mes clefs, elles étaient revenues toutes seules ou bien n'étaient-elles jamais parties et c'est en voulant **pénétrer** la serrure que je me rendis compte que ma porte était ouverte... J'avais dormi sur le palier pour rien. Par terre au pied du lavabo qui me servait de cuisine, mon unique étagère renversée ; casseroles et verres étendus sur le sol ; sur la moquette verte.

(Peut-être ce bruit qui m'avait sorti de moi !) Je suis fatigué... Je voudrais que tout s'arrête ! Je me couche sur le lit, et puis je ne sais plus...

Cent ans de malédiction se sont écoulés ; on ne dort plus dans le royaume de Morphée ; les hommes-fées ont triomphé ! Qui donc est ma marraine ?

Seul dans ma chambre (cinq mètres carrés pour moi tout seul ; enfin... pour moi, le lit, l'armoire, la chaise, le bureau, les chiottes, le lavabo, la douche et l'étagère ; une seule fenêtre sans volets avec vue sur le mur gris d'en face, pas un voisin ou une voisine visible), rien...

Ma main cherche une peau sur la moquette... Un frisson soudain m'envahit ; comme une caresse à l'envers ; une surprise sous mes doigts ; une flaque d'air lisse à rebrousse-âpreté. Mes yeux sentent la lettre ! Une enveloppe sans timbre, glissée sous la porte ! Une échelle de corde pour mes rêves... Ô ! lire un mot d'ailleurs ! Traverser cet instant... L'écriture est fragile : Une femme peut-être... Un billet m'invitant à l'amour... J'ouvre : c'est elle ! Cette fille rencontrée par hasard ! Cette bouteille à l'amour lancée la semaine dernière et qui me répond oui par retour du courrier ! Courir dans l'escalier ! Voler jusqu'à la poste ! Atteindre un téléphone ! (Pourvu qu'elle soit là !) Troisième sonnerie : « Allô ! C'est moi... J'arrive... » Elle m'a reconnu ! elle sait qui je suis ! Silence entrecoupé de bruits de cœurs battants ! Le pouls s'accélère, le souffle aussi : « Viens vite ! je t'attends ! » Raccrocher. Payer. Rendre un dernier regard à la postière, si belle, et qui m'envoûte un peu plus chaque fois que je la cherche ; un temps... J'emporte son regard en planant vers le bus. Portière ! ouvre-toi !

Dans mes yeux, des rideaux se tirent. Sa chambre... Elle me déshabille ; me frôle ; m'enserre ; m'étale sur ses vagues ; Postière ! Ouvre-toi ! Je saute dans le bus ; elle saute sur moi ; m'enroule dans sa chair ; me plaque sur son cœur ; la portière se ferme ! Ô divine postière ! Sois la muse de mes fantasmes et mène-moi vers ta servante en prémices à tous les plaisirs ! Tout devient jouissance : un siège qui se tend, le billet que l'on composte ! Œil fermé, paupière ouverte, j'habite ma fièvre. Ô poussée du bout de l'homme étouffant dans sa prison. Réveil des laves endormies ! Regorger de votre feu dans le ventre d'un volcan ! Courant d'ardeur entre mes cuisses à la limite de la crue ! Ce magma qui brûle mon corps ! Postière bien-aimée ! Princesse de ma sève ! En douceur, prends les traits de celle qui m'attend !

Ferme les yeux, Francis ! A présent que vois-tu ?

Je vois le val de mon désir... immense... A perte de vue, des arbres : ce sont les silences entre nos regards... peut-être un vertige... Le chant d'un feuillage... Il y a ces collines au loin ; ces jambes écartées s'ouvrant sur un pubis de femme verdoyante ; le flanc de ses genoux escarpés ; cette chair de roche et de terre ; la mer sous les roues du bus qui fait tanguer mes envols, et les arrêts-départs de station en station, qui regonflent mes voiles, enivrent mes poumons...

Parle-moi de l'horizon !

Je ne sais pas encore... Il y a tout ce que je ne vois pas ; tout ce qui vibre de l'autre côté ; ce que je crois deviner de sa cambrure, du galbe de sa poitrine au-delà de sa robe sans ligne. Quelques hypothèses aussi ; un tremplin vers toutes les découvertes ; et quelque part, derrière tout cela, sa propre attirance pour ce que j'ignore de moi. Qu'ai-je vu de cette femme ? Qu'ai-je senti qui me pousse vers elle ? Outre cette vague impression sur laquelle je vogue à la recherche d'une terre qui peut-être n'existe pas. Ce mot d'elle, est-ce la carte d'une île au trésor ? Est-ce le testament d'un naufrage à venir ? Je veux m'échouer sur son corps et jeter l'ancre dans son âme. Je veux déchirer ce flou qu'elle porte dans mon souvenir. Une semaine : sept fois la vie, sept fois la mort ; le temps qu'il faut pour partir en mirage. Ô boire à cette source ! Et dévorer les pierres qu'elle roule ! Savoir le goût des entrailles de l'autre ! Ô dans la gorge du ciel, arracher sa langue avec les dents ! Je suis un loup hurlant tapi dans le silence et je saigne la mer toutes griffes dedans !

Va ! Comme de retour d'un voyage au long cours, exhume l'air qui te vient de la terre, exhalant tous ses effluves de femme ! Il est ce feu qui brûle en toi, ce feu qui s'ouvre et qui devient l'or bleu...

Je la sens qui m'appelle à l'autre bout du bus. Je sais qu'elle m'attend ; suppurant le désir ; projetant dans ses yeux les images de nous qui déjà la délivrent ; et cela me suffit pour situer ce brame au-delà du bien, du mal, et de l'amour. Que m'importe l'amour ! Je ne suis plus qu'un pénis tendu vers son éternité ! Je vais au viol de cette biche au corne à corne avec moi-même ; inspiré par l'astre du rut ; déjà trahi par celle qui sera ma veuve lorsque, au bout de mon acte, elle m'exclura du sien. Coup de frein. Mes pensées s'arrêtent. Feu rouge ! Braise ardente en attente de flammes !

A présent que vois-tu ?

La femme inutile ; celle que l'on peut remplacer par ses rêves et ses mains... L'amour peut-être... Ou bien encore, quelque chose entre le vide et moi.

Dernier arrêt ; je descends. Mes yeux sont deux abeilles qui butinent balcons et fenêtres. N° 8 rue... du... plaisir... Je la vois ! Au millième étage ! Comme émergeant de mes pensées ! Je m'enfonce dans la porte de l'immeuble comme dans le miroir de Cocteau. Déjà l'ascenseur ! J'appuie sur le bouton du 7ᵉ ciel ; l'ascenseur grince ; mes os craquent ; toutes mes veines trépignent ;

je suis le chêne germant sur son gland ! L'ouragan qui le déracine ! La porte de l'ascenseur qui s'ouvre sur...

Le palindrome de ma nuit ! Des ailes me poussent dans les reins ! mes mains redeviennent des serres ! ma bouche un bec ! Je suis un oiseau de feu ! Le sel igné des philosophes ! Je vais fondre sur ma proie, et l'entraîner dans mes cieux ! Le temps s'arrête et se prolonge... une seconde... une seconde encore... Tout s'étire et devient immobile... ses yeux dans mes yeux ! L'eau qui les fait briller ! Le feu de cette eau ! De cette eau trouble ! De cette eau double ! Le feu ! Toujours le feu ! Montée de sève, de salive, impression d'adrénaline. Choc ! Étreinte ! Étreinte encore ! Étreinte ! Étreinte ! Étreinte et baisers ! Baisers furieux ! Baisers de feu ! Toujours de feu... Brasier... comme un appétit de langue ; de langue et de sang ; de ce sang qui afflue ; qui afflue partout ; au bout de tout, jusqu'à l'incendie... Les vêtements qui s'arrachent ! Les lèvres qui se fondent ! L'espace qui s'efface ! Et la porte de l'appartement qui, dans l'ombre du couloir, absorbe nos deux corps qu'elle happe comme le fait un serpent python, lentement, engloutissant la mort vivante avant de se refermer sur elle...

Là commence la fin. L'amour qui part... Les fuites d'âmes... et tout ce qui s'ensuit. Et quand ce qui suit ne suit pas, que dire de plus qui ne soit pas de moins ?

*

Cette fille était revêche ; revêche, elle était revêche ; elle avait la chatte grasse et pestilentielle, il émanait de son sexe un relent de gangue putride ! la tête tranchée d'un corbeau ; son ventre hurlant à la lune... Pourquoi moi ? Et pourquoi justement ce soir-là ? Le soir du premier jour de ma vingtième année ! Le lit qui grince avec mes dents ! Ma sueur qui devient glaireuse ! L'atmosphère purulente ! Et les secondes lentes ! Lentes ! Ma

* D'après des inscriptions retrouvées sur des serviettes de cabaret dans le style « Sha Kokken »

chair qui devient une plaie ! Je suis laid ! Je suis laid ! Je suis laid ! Je me sens laid ! Je me trouve... à vomir ! A rayer de moi-même ! Au secours, fée Viviane ! Ô Morgane ma sœur ! Druidesses de ma nuit ! Plantez ce geyser dans mon cœur, évidez-moi de lui ! Délivrez-moi de vous ! De cet amour aveugle des femmes ! Arrachez-moi cette passion qui me déchire de ses mains ! Et toi, Dieu ! Va pourrir dans un corps ; je veux dire en enfer !

Je me perds dans ce puits sans fond ! Je suis le cri qui tombe ! Cette fille est la fin de tout ce qui m'enflamme ; le contraire de ce que j'aime... Je ne sais pas pourquoi je lui ai fait l'amour. Peut-être sa froideur apparente ; ou le fait qu'elle soit avocate et qu'en enlevant sa robe j'avais l'impression de commettre un délit ; son air de famille avec la journaliste avant-hier dont j'aurais bien léché la cicatrice à la commissure des lèvres... Et cette odeur de foutre rance interdisant à ma langue la moindre des impudeurs !

Le dégoût qu'elle m'inspirait soudain me donnait une sorte d'endurance et j'attendais son plaisir avec impatience et détermination.

Je la regardais s'exciter toute seule. J'étais trop engagé pour accepter de débander et trop dégagé pour me laisser aller à interrompre ce coït avec la désinvolture de l'homme pressé.

J'étais condamné à être à la hauteur de ses ambitions : de l'image qu'elle se faisait de moi. Les secondes devenaient des siècles et je pensais à la chanson de Brassens « 95 fois sur 100... » en me répétant les vers de Rostand : « Et nous les petits, les obscurs, les sans-grades »...

Il fallait se rendre à l'évidence, ce n'était pas un petit, mais un long, un très long mauvais moment à passer : l'avocate avait su obtenir ma condamnation. Cris de feux ! Griffes et dents ! Morsures ! Blessures ! Déluge de gestes en prise avec eux-mêmes ! Orgies de vents sans souffles ! Soupirs assoiffés ! Labyrinthe effréné du crime contre l'autre ! Comme un fauve avorté cherchant à se survivre, je vais donc m'accoupler avec cette harpie ! M'accoupler jusqu'à l'infini ! Jusqu'à devenir entre deux coups d'éclair la répulsion qu'elle m'inspire... Et puis, le deuil de tout cela ! L'exil évaporé de son moment à elle ! Si loin... Si loin de moi...

Regardez-la, cette île éperdue de silence au milieu de la solitude ! Ce cadavre d'orgasme ! Cette excroissance entrouverte émergeant d'une âme endormie ! Il paraît que c'est une femme... A la surface de ses paupières closes je la regarde flotter comme une épave immobile sur une mer invisible, emportée par le courant de mon désir évanescent ! Ô dérive sans vague ! Ombre portée sans corps d'attache ! Ô descente des rêves sur les charbons morts de la foudre. Restes d'extrêmes ! Que m'avez-vous pris ? Soupirs versés ! Torrent des cieux évanouis dans l'océan sans phares de l'après ! Marge blanche ! Page vide ! Prélude d'interlude où plus rien ne s'attire, excepté les miroirs ! Un dégoût m'envahit... celui des draps humides, celui du pourquoi ? Ce sentiment de servitude physiologique aux nourritures terrestres et de dépendance à tout ce qui n'est pas essentiel. Une sorte de honte mêlée d'amertume, une tristesse froide, une déception sourde, un remords s'envasant dans la déconvenue... Regrets sans attelle ! Conscience boueuse où boitent des canards pataugeant dans le temps... Il y a quelque chose en moi pourtant, je le sais, qui a joui de tout cela et qui s'appelle un homme. Et c'est lui qui ne s'en va pas et qui veut à tout prix redonner une chance au feu qui ne prend pas ; qui se donne à sa mort parce qu'elle est une femme...

L'odeur s'est tue. Je veux dire la sienne... A présent

ce sont mes regards qui empuantissent l'espace. Ce parfum noir c'est moi tel que j'existe peut-être vraiment.

Elle dort avec tant d'innocence ! Elle est soudain si belle loin du lendemain ! Je rampe vers son arbre et je suis le Serpent. Le mur de cet instant se referme sur ma tombe. Et si j'étais le premier homme ? Elle la prime femme ? Ou bien encore si, mourant, nous étions les derniers ? Le sol s'ouvrirait, nous jetterait dans l'abîme ; et dans notre sépulcre, au royaume du néant, nous serions nés de notre propre fange. Nous serions la force trine du désir ! Ou mieux encore, sans épithète et sans nul attribut, le charme unique d'un ventre enfermant la lumière ; alors nous serions Dieu ! et de notre ténèbre un soleil naîtrait dans la bouche du vent...

Je m'approche d'elle, un renflement dans mes mains ; j'ai envie d'elle ! Encore ! Pourquoi ai-je envie d'elle ?...

Donnez-moi une idée pour m'évader d'une prison ouverte !

Sans y penser je chante, ô chose vaine !

Vasquin Philieul

Le môme a quatorze ans. Il sort du Conservatoire, à Marseille. Il a le cafard comme on dit, le « spleen » comme dit Baudelaire. Il traîne dans la rue comme une ombre qui cherche un mauvais coup. Allez savoir pourquoi il arrête un taxi. Il monte sans rien dire, la voiture démarre. Le chauffeur lui parle, il ne répond pas. Vous allez où ? L'adolescent lui tend un billet froissé :

— Au bout de ce billet, monsieur, s'il vous plaît. Cinquante francs pour faire le tour du monde !

— Il y a quelque chose qui ne va pas ?

— Oui, monsieur.

— Et quoi ?

— A peu près tout, monsieur. Et pour le reste...

— Et vous ne voulez pas plutôt que je vous ramène ?

— Où ça ?

— Chez vous.

— Chez moi, monsieur, ça fait moins que cinquante francs !

— Si vous voulez absolument dépenser cinquante francs, c'est pas compliqué, je les garde. Mais je peux quand même vous ramener chez vous !

— C'est pas ça que je veux, monsieur, je veux aller au bout, je veux savoir où c'est !

— Où c'est quoi ?

— Le bout des cinquante francs, monsieur !

(Le gamin se met à pleurer.)

— Oh ! je crois bien que ça ne va pas très fort... Vous sortez du Conservatoire ?

— Oui.

— Vous n'avez pas d'instrument avec vous ?

— Non !

— Vous êtes pianiste ?

— Non !

— Qu'est-ce que vous y faites, alors ?

— L'acteur, monsieur.

— Acteur ! Ça c'est une bonne idée, alors ! Si vous êtes acteur vous savez lire des poèmes (il sort un livre de la boîte à gants) ; tenez, lisez ! ça vous fera du bien !

(Le gamin commence à lire avec les yeux bien sûr.)

— Non ! lisez à voix haute, la poésie à deux ça se lit à voix haute !

Je commence à lire !

Plus je lis, plus je trouve en ce livre les mots qui me manquent. Mon cœur s'ouvre, je m'ouvre, je vibre à l'infini... Je me libère... Ma voix, mon cœur se délivrent ! Ces mots ! Ces mots me connaissent, ils parlent de moi !

Le compteur ne tourne plus. Le temps ne passe plus. La nuit devient le jour...

Toute la nuit j'ai lu
Sans m'en apercevoir
A cet homme inconnu

Les mots de mon cafard :
Et l'homme pleure en m'écoutant :
Et sourit tout autant...

Au petit jour, sur le vieux port, le chauffeur de taxi m'invite à boire un café avec mes cinquante francs. Ce soir-là, blanc pour moi, le fut aussi pour lui. Il n'a rien gagné, je suis son seul client, je n'ai rien à payer. Je ne sais pas lui dire... C'est lui qui dit le mot :

— Merci pour cette nuit. J'espère que tu vas mieux ! Tu sais, pour moi, ces mots ! Ces mots ! C'est comme une lumière ! Je les lis tout le temps ! Mais les entendre... Et les entendre de quelqu'un qui sait lire à voix haute ! C'est... C'est un cadeau de la nuit...

Puis il me ramène chez moi, j'ai toujours ce livre dans les mains. A présent je le serre contre moi ; son auteur contre mon cœur. Léo Ferré... Comment jusqu'à ce jour ai-je pu l'ignorer ?

Demain j'achèterai tous ses livres ; il paraît qu'il chante aussi, j'achèterai tous ses disques. Tout. Je veux tout. J'ai besoin de tout. Je veux le connaître, lui parler, lui dire ce que je ressens quand j'approche ses mots ; lui chanter ce refrain qui manquait aux couplets de ma vie : « Léo Ferré ! Léo Ferré !»

Il y a comme un train sur cette voie sans e, sur cette voix sans x, sur cette allée sans retour qui m'emporte plus loin que cet horrible surplace dans lequel je croupis ; qui m'enlève mes doutes chaque fois que j'attends, comme sur un quai de gare, le départ pour mes rêves. Il y a ce train qui m'entraîne au-delà de moi-même, dans chaque vers du roi Léo, dans chacun de ses mots, chacune de ses notes. Au nom du roi Léo, je serai mon voyage et rien ne pourra m'en empêcher. Rien ne pourra plus m'arrêter. J'écris, j'écris d'abord pour lui ressembler, comme lorsque j'étais plus petit pour ressembler à

La Fontaine. Puis j'écris pour lui parce que je sais que lui seul pourra me comprendre. C'est par lui que j'ai vu l'autre côté de ce qui, va mon cœur !... Il m'a envoyé un ange chauffeur de taxi, un ange nyctalope comme ses frères les hiboux, et l'ange m'a montré le bout ! Le bout des cinquante francs ! Ce bout dont l'autre bout est si loin qu'on ne l'atteint qu'avec des mots ! Quand, le dernier pourquoi posé, les questions n'ont plus de sens, quand le train de la raison s'arrête et qu'il faut prendre celui de l'imagination, il faut changer de train pour réinventer l'univers faute d'en être le créateur. A présent je connais le bout ; ce terme est un commencement...

Tout commence et tout commencera toujours. Où vais-je écrire maintenant, je n'ai plus de cahier ? Dans ma tête... A des années-lumière...

Chaque instant commence la vie. Le rapide en partance pour ailleurs arrive en voie lactée ; s'allongeant chaque jour un peu plus des wagons de la vie, ce train ne finit pas ; ne finira jamais. Serpent de mots qui forment une histoire. L'histoire de l'être et de son existence ; alignant les mots comme on enfile des perles. Ses wagons sont les anneaux du serpent ! Les ondoiements qui prolongent le terme, jusqu'après ses *terminaisons*. Il ne déraillera jamais car je sais, grâce à Léo, que la course continue même si le compteur s'arrête.

Léo ! rappelle-toi nos deux trains côte à côte, chaque fois que nos routes se sont croisées sans se briser, comme deux lignes parallèles cherchant un point vers l'horizon. D'abord ce jour à la télé, je n'ai pas osé te parler. Nous nous regardions comme deux indiens observent le silence ; comme deux animaux se flairent avant de se toucher. Depuis toujours cette pudeur entre nous comme si nous n'avions jamais quitté cet instant :

Léo

« Venu d'un temps indécis, porté par un vent d'outre-saison, les cheveux sur la musique, la tête penchée sur la guitare, j'ai vu Lalanne en décembre 80 à une répétition. Il devait me voir aussi mais sans doute la timidité me voilait à lui. Je pensais qu'il ne me connaissait pas... »

Puis à la radio où par la voie des ondes, lors d'un duplex improvisé, nous nous sommes parlé par public interposé :

Léo

« Quelque temps après, un soir, au Théâtre du Creusot, il interrompait son tour de chant pendant une heure, en faisant brancher dans la salle l'émission à laquelle je participais à Paris. Je n'ai jamais connu une pareille complicité fraternelle, un tel génie dans la désinvolture, un tel entêtement dans l'agression. Son public ce soir-là a dû le trouver génial, désinvolte et têtu. Le public trouve toujours ce qu'il faut trouver et nous n'en savons rien... »

Puis à Genève lorsque après ton spectacle nous nous sommes parlé pour la première fois, je veux dire autrement qu'en poème. Ce journaliste entre nous qui s'efface en me voyant entrer, qui nous laisse nous rencontrer. Mélange de pudeur et de voyeurisme, il enregistre tout ; mais les mots que nous échangeons ne sont que des bruits ; ce que nous avons à nous dire ne se dit pas avec des mots, ou bien cela s'écrit, se crée, se décrète ; c'est un secret qui doit rester le nôtre.

Et puis ce jour d'enfin où j'ai chanté pour toi cette chanson de toi accompagné par toi. Nous étions deux oiseaux de nuit hululant leur planète ; nos voix se répondaient comme un écho de l'infini ; et petit à petit la bulle autour de notre chant nous isolait des autres. Seule une larme sur ma joue, peut-être, aura pu nous trahir, mais plus rien ne pouvait se mettre en travers de nos rails.

Passager de ce train qui roule dans ton nom : Lé o Fer ré Léo Ferré LéoFerré LéoFerréLéoFerré, désormais j'avance et dans ce point de fuite avec toi j'espère que nous allons un jour heurter Dieu de plein fouet.

Combien de fois nous sommes-nous revus par la suite comme deux chevaux fourbus revenant de la guerre ? Combien de fois suis-je venu te voir en concert ? Peu importe ! Mais toujours face à moi ce point qui marque l'au-delà, ce point d'orgue de l'éternité !

Léo

« Avant de mourir, j'aimerais bien dire à cet oiseau de scène qu'il est mon frère. Lalanne ! Longs cheveux comme un vent d'outre-saison, yeux rivés à une star fidèle ! Qu'il me croie fidèle, et pour la vie et pour la mort. Salut Francis. Chante, seul et dans la lumière noire. Ta lumière. La mienne aussi.

Je t'embrasse. »

Et moi je veux te dire Léo que tu es là en moi comme un cœur qui se bat, dans ma voix quand je gueule, quand je chante, et dans mes poings quand je les serre. Que ces mots de ta plume, un jour écrits pour moi, sont le jardin de ma colère, mon armure et mon bouclier ; le rouge sur mon drapeau noir ; mon oriflamme et ma bannière ; le vent qui déploie ma crinière et pousse plus loin mon voilier. Comment voudrait-on que je souffre aujourd'hui du mal que l'on écrit ou dit de moi ?

Mon seigneur m'appelle son frère :
Je suis le frère de mon roi !

Ô mon seigneur et frère, je ne pouvais brandir la plume plus longtemps sans recevoir tes sacrements ; tes mots d'amour m'ont consacré poète et chevalier. Le chevalier n'est plus l'esclave du vulgaire, il est le maître de l'enchantement. Tes mots m'ont lavé de ce monde quand je l'ai découvert ; ils m'ont vêtu de blanc, armé contre l'immonde, ils m'ont donné l'adoubement et ma devise : Ni Dieu sauf Dieu ! Ni maître sauf Léo !

Je tremperai toujours ma plume dans tes larmes comme dans un volcan ; comme ce jour à La Rochelle, où nous avions chanté ensemble. Pour célébrer tes soixante-dix ans une pléiade d'artistes était venus t'honorer. Dans ta loge, tu pleurais, ton fils pleurait et moi je pleurais avec vous ; tous les trois nous pleurions à l'abri des regards qui ne comprennent pas. Si tu savais Léo comme je sais tes larmes... Et vous, peuple de chancres assoiffés du sang des poètes, écoutez-moi ! Vous qui ténébrez la lumière ! Vous qui chassez l'artiste à courre comme on chasse le cerf dix cors. Vous les persécutez lorsqu'ils en sont à leur printemps et vous osez les vénérer lorsqu'ils ont franchi tous les hivers ! Je vous conspue, je vous conchie, je vous vomis pour chaque larme de Léo dans le gris de sa solitude ; vous qui ne savez pas ce que coûte la solitude. Celle qui nous fait vivre en nous pour fuir la corruption du monde et sa puanteur exécrable. Chaque jour je caresse un espoir comme on ravive une flamme : celui d'un monde libéré de ses démons, celui de cet âge d'or, Léo ! de l'éternité retrouvée.

Un soir au Théâtre du Gymnase nous étions deux à le crier. Je chantais dans tes yeux, tu chantais dans ma gorge.

C'était un beau soir, il y avait « la mer à deux pas de l'étoile » et ton « grand vent » qui soufflait sur notre lumière. Ce fut le plus beau soir de ma vie sur la scène. Le soir où tu es venu me voir chanter pour la première fois ; peut-être qu'avant ce soir-là je ne le méritais pas. Venir de si loin pour m'entendre... Et nous avons hurlé ce monde de demain, celui d'Arthur et de tous les poètes, celui de mon espoir, celui de ta chanson. Jamais je n'y ai cru plus fort que ce soir-là.

FL LF, F L F L FL LF FLLF FLLFFLLF, nos initiales alors faisaient un palindrome : celui de la Folie et de la Liberté. Ensemble sur la scène et pour finir par tes vers nous chantons l'anarchie ! La tienne ; la plus belle ; celle qui n'a qu'un parti : l'humanité ; celle qui n'a qu'une patrie : la terre tout entière. Et puis, dans le silence, comme tu l'as voulu, nous quittons l'espace de ce rêve pour qu'il n'ait pas de fin ; pour qu'il s'éternise dans le temps suspendu sans qu'une ponctuation ne le referme sur lui-même. Pas d'applaudissements. La porte reste ouverte sur chaque personne présente dans la salle. Nous marchons vers l'ailleurs, nous tenant par la taille, comme un archange à deux têtes et nos cœurs ne font qu'un. Nos cheveux noirs et blancs font le jour et la nuit, dédoublent notre sillage. Nous sommes un bateau qui vogue sur deux coques ! Le vent nous emporte et nous disparaissons.

Toi Léo, de mes amis d'avant le temps, le seul qui ne m'ait jamais trahi, je ne sais pas les mots pour te dire les tiens ! Mais sois sûr, toi aussi, de ma fidélité jusqu'à mon dernier mot, ma dernière note ; mon dernier souffle et mon premier soupir.

N'oublie pas que dans cette forêt qui veille sur mes rimes il y a tes yeux clairs grands ouverts qui me guident :

Il y a ce regard vers le vent qui s'allume,
Et ce phare qui parle et montre l'infinuit :
Celle que tu décris dans ton cher Opéra.
Celle qui lie l'humain au cosmos loin du monde.

Il y a ce virage où la beauté s'éprouve ;
Et nous sommes l'exil dans cette nuit, Léo !
Loin du ferment primal qui contient les trois mots,
Les trois sons du soleil ; du vrai vers ; du vrai verbe...

Il y a Hölderlin comme il y a Rimbaud !
N'en doute pas, Léo ! Car ce soleil existe !
Il est la lune fixe étoilant le matin ;

Celle qui fait chanter le divin Magistère...
Dans cette nuit tu vois, dans cette voie je vis ;
C'est le bleu du vrai vert ; l'immortel éphémère...

Et le val suspendu de l'amour que l'on donne...
Et les pommes du rêve au jardin des espoirs ;
Violon qui s'accorde avec nos désespoirs
Quand celui du poète aussi nous abandonne...

Et les mots ! Et les notes au cœur des ostensoirs
De chaque vers offert aux cendres de l'automne !
Et quand fume le ciel, que l'orage détonne,
Ces pluies de feu sur l'air des divins encensoirs !

Dans le gris de ces roues aux couleurs en mélange
Ô Léo ! Tu mets l'eau ! Tu mets l'air ! Tu mets l'ange,
Et la terre où de feu mes ailes vont pousser !

Et je suis ce hibou qui brise l'anathème,
Et vient après la mort tes ailes caresser ;
Je suis ce cri d'instant qui te chante je t'aime !

Et quand le soleil se maquille pour faire croire au jour qu'il brille, ne pleure pas ! N'aie pas mal ! Prends mes larmes ! Je te les donne... Et si tu n'as plus d'encre pour crier, ne t'ouvre plus les veines, Léo, prends mon sang ! Changeons notre eau en sève et devenons des arbres ! Je sais ce que tu ressens. Je le dirai toujours à tous ceux qui l'ignorent. Et je suis sûr que la beauté existe ! Je le sens ! Je la sens quand elle s'exhale ! Quand elle me frôle ! Je la vois quand elle scintille ! Toujours informelle et pourtant si concrète... Lueur entre les lueurs ! Quels que soient ses contours, toujours indéfinissable... Je crois en son charme et son envoûtement !

Avant même d'être une idée, elle était déjà une sensation. Je sais grâce à toi qu'une œuvre est belle quand je ne peux plus exprimer ce qui me touche en elle ! C'est ainsi qu'elle devient l'expression pure et simple de la beauté : l'autre versant de l'éternité ; ce qui ne se dit ni avec des mots ni avec des images ; ni avec rien ; ce qui se vit comme on se meurt... Elle est le visage de Dieu ! Elle est ce que tu dis, Léo ! Insaisissable et multiple ! Faite de la plus humble des émotions et de la plus torrentielle ! Toujours ineffable parce que sans entrave ! immensurable, incalculable, injaugeable, incroyable, parce qu'elle est, en tout, le contraire de la laideur qui n'existe qu'en son absence. Elle est ce que tu es, Léo : l'inverse de ce que tu hais...

24/08/93

Au secours, Léo ! Je suis vivant !

Qu'il était bleu le ciel, et grand, l'espoir !

Paul Verlaine

Mes premières leçons de poésie je les ai reçues en espagnol de la bouche de mon oncle Jose Aiub Manzor, ambassadeur et poète uruguayen. Tout commença lorsqu'un jour il me mit un balai dans les mains et m'apprit à balayer. Lorsque j'eus fini mon exercice, il me dit : « Regarde le sol, regarde-le bien car à présent tu le vois tel qu'il est sous les saletés de toutes sortes qui le recouvrent chaque jour. Si personne ne balaye le sol correctement, personne ne verra le sol tel qu'il est vraiment. On ne verra que la poussière qui le recouvre, on confondra le sol avec la poussière. Il est important pour un poète de savoir bien balayer, car c'est en balayant qu'il exprime le mieux le sens de sa mission : nettoyer le langage de toutes ses impuretés pour qu'il se redécouvre lui-même et tende un peu plus chaque fois vers ce qu'il était à l'origine, avant d'avoir été souillé puis recouvert par les déchets de la raison. Plus tu balaieras le langage en remettant au jour sa véritable essence et plus tu t'approcheras du langage universel. Alors tu seras cet œil invisible, celui qui voit vraiment ; tu verras Dieu enfin sous son vrai visage, et tu donneras chair à l'âme de l'humain. »

Alors j'ai balayé, balayé comme mes frères poètes avant moi, mais la couche d'immondices est tellement épaisse sur l'âme du bas monde !... Mais on a parfois besoin, pour éviter le cancer du poignet, de voguer solitaire, son balai sur l'épaule, dans les bas quartiers de l'être, juste pour ne plus avoir à mourir de lucidité.

Mon oncle me disait toujours : « Bebe el mar ! Fuma el viento ! » (« Bois la mer ! Fume le vent ! ») et je n'ai jamais été plus heureux qu'en me « shootant » avec le soleil, en « sniffant » l'air du petit matin... J'ai souvenir pourtant de mon ultime écart, de ma dernière insulte aux leçons de mon oncle. Le hasard fit qu'un jour on me proposa de l'absinthe, ce qui me plongea dans une sorte d'émoi littéraire. J'avais toujours imaginé que l'absinthe avait un goût magique, un vrai goût ; peut-être celui de mes lectures, de mes potes de galère, Verlaine, Apollinaire, Picasso ; quelque chose d'excitant au sens propre du mot ; qui vous fait battre le cœur juste avant qu'il ne s'arrête.

Voilà, c'est parti, je m'en vais avec la bouteille. J'achète des bougies ; j'aiguise ma plume. Comme l'apprenti sorcier par le seul pouvoir d'une formule magique, je suis sûr que je vais faire balayer le sol de mon esprit par des armées de balais animés obéissant au seul pouvoir de l'absinthe, et dont le simple nom me met déjà dans tous mes délires. D'abord je trempe mes lèvres ; puis une gorgée : premier choc ! Une impression de flamme bleue s'évaporant ; je ne sais plus le goût. Mon cœur bat fort, très fort, effroyablement fort. Une gorgée encore ! En fermant les yeux pour amortir l'effet. Je vois... ce que je bois. Un serpent descend dans ma gorge... violet. Ses écailles s'accrochent à cette sensation d'âpreté lubrifiante : je suis en érection volcanique. Cette ondée de fièvre ondulante traverse ma poitrine et perfore mon cœur. Je suis un dragon. Mon souffle est le feu. Vite une autre rasade. Dans cet argon liquide une femme apparaît ; danseuse ou sirène, elle ôte ses sept voiles en nageant dans ma brume, aquatique Sheherazade... Une autre rasade ; elle me mord violemment au cou, sa salive me traverse, elle s'enflamme sous ma langue. Je suis un corps sans tête ! Sheherazade ou Salomé ! Des mots, vite, des vers ! Aucun ne me parvient. Guillaume ! Paul ! Êtes-vous là ? Silence... On dirait qu'il n'y a personne ! Peut-être n'ai-je pas encore assez bu. Vite une autre rasade... une autre... une autre encore... Il y a cette bougie là sur ma table qui veut me dire quelque chose, mais elle ne parle pas assez fort... Ma main ! Je ne peux pas écrire et boire en même temps. Il faut que je choisisse et je choisis de boire. Pourquoi s'il vous plaît ? Pour le choc avec la rasade sans doute ; il est... vertigineux... Dans mon cerveau je sens une montée d'espace ; où donc est cette femme ? Je ne vois plus, et ne bois plus que par à-coups. L'univers qui m'environne est un diaporama dont les images s'enroulent autour de mon malaise. Mon être sort de moi. Le vide me respire. Premier vomissement. Les objets s'envolent, ils girent, et me ligotent à leur orbite. Je dois me lever ! Il faut que je me lève ! Quelle est cette limace qui lèche mes mollets ? Je vais me vomir tout entier ! Je ne sais plus le haut, le bas, tout se mélange. Il faut que je me boive encore et tant pis si je vomis. Je sens que je vais franchir un seuil, un sas, quelque chose ! Un tourbillon de lumière m'aveugle et m'enveloppe ! Je perds conscience ! Non, c'est encore autre chose, peut-être est-ce la vitesse de la lumière. Le ciel s'entrouvre. Je crois que c'est le ciel, mais... il n'y a pas de ciel ! Où donc est cette femme ? Je plane et pourtant je me sens lourd, très lourd. Le vent m'écrase sous le plafond de ma chambre qui pourtant meurt sous moi comme un cheval à la guerre. Je suis un morceau d'épave en apesanteur dans la terre. Il y a ces ombres partout ; ces triangles qui les chassent ; ces larves fondant sur moi sans cesse ; je crois qu'elles existent vraiment. Les triangles me protègent ; ils se changent en papillons noirs puis en ténèbres violacées puis en fenêtres mais ce sont toujours des triangles. En relief ce sont des cônes ; à l'arrêt, des sortes de fleurs pyramidales, puis des taches d'indigo sur le silence. A présent je suis seul. Tout seul avec mon crâne. Une voix ! qui me parle : « Dans le vieux parc solitaire et glacé, / Deux formes ont tout à l'heure passé. » Ça c'est Verlaine ! Non, c'est moi qui récite ses vers ! Comment ? Je ne peux plus parler ! « Leurs yeux sont morts et leurs lèvres sont molles, / Et l'on entend à peine leurs paroles. » Paul ! C'est toi ? Mon Dieu, pourquoi toujours personne ? J'avais été ivre déjà ! Je n'avais jamais été mort ! « Dans le vieux parc solitaire et glacé, / Deux spectres ont évoqué le passé. » Paul, réponds-moi, je t'en supplie. Au moins toi ! Rien ni personne. Il faut que je boive encore. Je traîne ma main jusqu'au verre, il est vide. Ma langue rampe jusqu'au goulot de la bouteille, je tète... Je ne sais même pas si je bois... Je tète encore... Vomissements successifs et multiples. Je crois que je dois avoir l'air pitoyable... Je ne sais toujours pas le goût. Je grelotte ! Il fait donc froid au purgatoire. Décidément, je préfère l'enfer. Je préfère être deux avec moi-même que seul avec cette bouteille. Si je pouvais quitter mon corps ! Juste un peu, voir à quoi ressemble l'absence de mes rimes. Les bouquets pyramidaux exhalent un parfum qui prend sur les senteurs inodores imprégnant l'atmosphère. En voulant respirer cette humeur, une fine pellicule de mon corps se décolle. Je me vois comme à travers un masque sous la mer, et toujours ces relents de néant... Ce doit être cela qu'on ressent dans un cercueil. Je suis une « croupissance » de chair sans nerfs qui se dilue en nappes gélatineuses. J'en appelle au Dieu des papillons : qu'il me métamorphose ! Rien. Je reste une chenille et je regagne mon corps douloureusement.

Paul

Te souvient-il de notre extase ancienne ?

Moi

Pourquoi voulez-vous donc qu'il m'en souvienne ?

Paul

Ton cœur bat-il toujours à mon seul nom ?
Toujours vois-tu mon âme en rêve ?

Moi

Non !

Derniers vomissements avant le sommeil espéré. Morphée ! Sors-moi de moi ! Vite ! Qui parle avec moi ? Paul m'a laissé tomber ! Quant à Pablo, Guillaume et les autres, je crois qu'ils me voient stagner comme un détritus d'âme, une flaque ; et qu'ils se marrent.

Paul

Ah ! les beaux jours de bonheur indicible
Où nous joignions nos bouches !

Moi

— C'est impossible !

Il se prépare un orage et je ne l'entendrai pas. Mon Dieu, cette femme nue sur ma bougie, cette flamme qui danse pour la mort... quelque chose de sa lueur...

Paul

L'espoir a fui, vaincu, vers le ciel...
Noir.

Au matin, la langue comme un gant de toilette, lourd de sang, et la main comme inerte, j'écris ces vers dédiés à l'absent de ma nuit : Paul Verlaine.

Cher Paul ! Reçois ces bris de ma bulle crevée :

Le temps que rien ne rive aux langueurs de ses charmes
A caché mon amour dans un coin de mes larmes
Avec pour seuls frissons ceux des espoirs brisés.
Peur à peur, l'ombre s'est abreuvée
De gouttes de douleur, et la vieille pendule
Abandonne au soir vieux son tic-tac somnambule
Étrangère aux regards que le temps m'a lancés.
Mes yeux se sont glacés ;
Le vent les a grisés,
Figés, tous grands ouverts dans le corps de ma bulle.
Et Dieu prend l'air du temps que l'horloge module ;
Il dit les bruits du soir que Satan tinnabule.
Il ne reste plus rien du brasier de mon âme ;
Et les larmes en moi qui s'étaient enflammées
Laissent parfois gémir une frileuse flamme,
Avec pour seuls sanglots les départs en fumée...
Je ne sais plus pourquoi je pleure ;
Au rythme où s'écoulera l'heure,
L'alcool se noie dans mon chagrin.
Pourtant je me souviens, peu importe mon âge,
— On peut avoir vécu des siècles chaque instant —
De cette fille douce et dont l'air me surnage,
De cette brise rousse aux vagues m'emportant.
Dans le creux de ses reins, où partaient mes voyages !
Il y avait tant d'yeux à prendre en coquillages !
Tic-tac :
La pendule a très peur lorsque sonne minuit !

Tic-tac :

La pendule a très peur à la fin de la nuit !
La mort se cambre en moi comme une pécheresse,
Mes regrets l'ont suivie dans un lit de vins morts !
Ils m'ont roué de mots dans l'ombre que je mords,
Et faisant dérailler l'horloge qui pendule,
Entre les lunes mortes le ciel incrédule
Au travers des carreaux prend un reflet nouveau.
Quelque chose m'étreint dans ce monde en caveau ;
Se décompose
Dans les vers que je compose...
Comme une avalanche
Qui soudain se déclenche
Et balaie tout sur son passage,
Mes yeux sont emportés par un flot d'encre blanche,
Et le ciel devient clair au rythme de mon cœur.
Contre ce vent d'hier je n'ai plus de rancœur
Qui souffle loin de moi cette nuit folle et sage ;
Et mon tourment s'envole au pays des couleurs...
Verre vide plein de douleurs !
La nuit fut si sauvage !
Pourquoi donc avoir tant pleuré ?
L'absinthe est un breuvage
Au pouvoir déluré
Car ce soir j'ai fait fondre, aux feux de mon haleine,
Avec mes courts sanglots, les sanglots de Verlaine ;
Les vers ont la même couleur
Quand ivres morts sont les trouvères ;
Les vers ont la même pâleur
Quand ils naissent entre deux verres.
Le ciel fait de la lune une île
Aux plages des soleils levants,
Mes rêves sont encœur vivants,
Le tic-temps me laisse tranquille,

Et moi je vais dormir, car je n'ai pas sommeil ;
Les yeux ensoleillés par la nouvelle aurore,
J'ai, comme en souvenir, perdu le fil vermeil
Qui guirlande le ciel, quand la nuit s'évapore...
Le matin suit son cours et sème les nuages
Où pousseront les pluies qui tombent des orages ;
Pour une nuit d'orage, un matin de soleil,
Un matin de soleil, pour une nuit de rage !
Et dans les eaux du feu, l'absinthe du naufrage,
Où le poète entrouvre l'oubli dans l'éveil.
Cher Paul, où vont tes odyssées ?
J'ai versé le soleil dans ma gorge.
Et le ciel dans mes noires pensées
Maintenant lentement le dégorge...

Je n'aime pas ces vers. Ils sont comme les lendemains de cuite : stériles...

L'absinthe est comme tous les alcools, et l'alcool est comme toutes les drogues : plus on en prend plus on est soûl, plus on est soûl moins on est ivre. Pour m'évader j'ouvre une porte, rien de plus ; fausse ou vraie, qu'importe ? Il suffit que j'ouvre une porte, et je quitte un lieu pour un autre ; ainsi soit-il au fond de moi. J'ouvre une porte et puis voilà je suis dehors ; je balaye un peu devant la porte et je vais ce que je suis : c'est-à-dire quelque part où je n'existe pas. Si j'ai l'air toujours ivre ce n'est pas parce que je bois mais simplement parce que je suis derrière cette porte ; parce que je suis ailleurs ; de l'autre côté de moi ; libre ! Libre d'un chant qui sera libre aussi longtemps que mon esprit le restera. Libre ! toujours à l'air libre ! Et le pouvoir quel qu'il soit n'est plus qu'une chute de pierres dont chaque bloc rebondit sur mon corps et se brise sur mon cœur.

à Jeremy

Halcon Blanco

Alma d ' halcon blanco
Atada a mi costado
Acostada en el banco
En que estoy acostado
Dime lo de la vida
Que late en la izquierda
Certeza de la herida
Que crece con la hierba
Sombra que no me toca
Hacechando a mi lado
Asomada en la roca
En que estoy apoyado
Dame lo de tu mano
Que busco en la izquierda
Misterio del humano
El humo de la yerba
Guerrero sabio
Pajaro pintado
De labio a labio
Dile a la viuda del halcon encantado
Que su encanto
Es mi canto
Y que canto a su lado

D'abord vint la fille rouge ; cette déesse mapuche venue planer de son Chili sur les sommets de mon délire. Cette louve empoitraillée par des ténèbres de houle, cette fille de la lune dont je fis une chanson pour m'exciser de la trace ; avec cet accent d'en moi comme un stigmate suppurant la sève de mes racines. Elle me rendait à ma source, et dans ses yeux je figeais comme un condor des Andes, les vagues de la Cordillère au paroxysme de leur tempête ; je voyais le vent prendre corps ; l'orage s'accoucher. Ses mains toujours sur moi, même de loin comme des serres fragiles ; sa peau comme l'écho de ma sueur, elle était mon impatience à brûler, mon ivresse d'être de chair, elle était mon rêve pourpre, et sa taille, la bouche d'un volcan qui la crachait à la gueule des hommes. Elle se répandait en moi comme un cancer en métastases, et se faisait un nid du meilleur de mes forces ; ne dormant que lorsqu'elle était certaine de se réveiller avant moi ; me dictant mes pulsions les plus secrètes avec cette candeur perverse qui feignait la soumission. C'en était fait de mon droit d'exil ; Valentina la sorcière m'avait changé en son amant. Elle pouvait devenir fauve ou bien oiseau à volonté ; ses ergots dans mes griffes, il y avait du sang sur nos restes chaque fois que nous nous épousions. Elle aimait lacérer comme on a le goût des caresses ; mordre dans la chair comme dans un fruit. Cette envie de dévorer l'autre qui se nomme le baiser, cet instinct cannibale que l'accouplement sublime, elle en devint la prêtresse unique au nom de ma violence ; maîtresse absolue de mes envoûtements. Je craignais pour toutes celles dont l'œil croisait mon désir tant sa jalousie était farouche. Je les imaginais toutes affrontant l'anathème, et je repoussais mes regards infidèles comme on s'interdit le blasphème. Je voyais ses iris d'ingénue fatale s'empoisonner comme des pointes de flèche à l'approche d'une femme, et cela suffisait à chasser la rivale, à mon grand étonnement ; à mon grand soulagement... Puis tout en elle redevenait proie. Il suffisait qu'elle pense à l'amour pour en devenir la sécrétion. Je ne sais quel démon elle réveillait en moi ! Comment n'a-t-elle pas réduit mon âme en cendres sans passeport pour renaître ? Je ne sais pas. Peut-être à cause de cet oiseau serpent que je sentais vibrer dans le feu de ses bras... Chaque fois... que nous reptilions l'un dans l'autre comme deux vers s'envenimant. Je devenais son ventre palpitant ; cette fièvre garancière à l'aurore de ses cuisses ; et ses cheveux nuit de vierge indienne comme un torrent noir sur ses reins ; c'était le temps de ma défroque et mon cœur n'était plus qu'un corps. J'atteignais ma frontière, et dans les flous de cette femme j'ai vu cent fois poindre mon émeraude comme un graal lorsque ma langue dévalait le ravin brun de ses abîmes in fina spinae dorsi...

Ô jour ! Pourquoi donc a-t-il fallu ce matin-là que tu te lèves sur nos transes comme une aube crépusculaire ? Elle rentrait de l'un de ses tournages et dansait pour moi, comme à chaque retour, la fin de nos distances ; elle me dit « viens... » je savais que ce serait la dernière fois. Le charme était rompu comme par désenchantement. Nous n'étions plus qu'une fibre cherchant dans l'autre sa jumelle morte ; comme un point de rupture avec notre propre essence devenue soudain veuve. Il restait sans doute au fond d'une fiole un peu de ce philtre auquel notre dame du plaisir nous avait fait goûter ! Sans doute manquait-il cette rasade à notre éternité ! Mais ce matin-là tout s'est éteint entre nous à la vitesse de la lumière. Elle défaisait les sept voiles de cette fin qui réclamait ma tête, comme Salomé, sans doute par seule crainte de l'amour. Nous nous sommes quittés juste avant de nous aimer, juste avant de nous construire, de tout détruire ; juste avant qu'il soit trop tôt ; juste avant qu'il soit trop tard. Rouge.

TES YEUX

Fermés sous tes paupières transparentes...
Larves de méduses errantes
Dans les phytoplanctons
Du mal d'aimer...
Microscopiques tétons
Sur deux larmes embryonnaires qui génèrent
Et régénèrent
Mes tissus d'être et d'exprimer...

TES 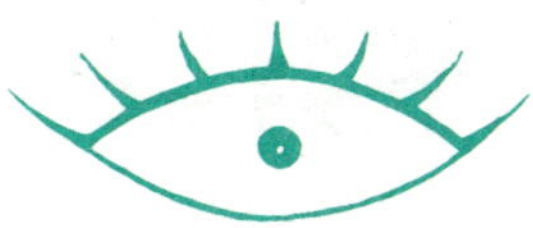

Tracés au fusain
Par je ne sais quels peintres homéoplastiques...
Minuscules grains de raisin
Dont on presse un poison bénin
Qui rend les rêves érotiques...

TES 

A peine à retoucher...
Où se mélangent le goût, le toucher,
L'ouïe, l'odorat et ton regard,
En un battement sourd, muet, aveugle, hagard...

TES 

Dans l'eau de mes cratères,
Comme deux volcans solitaires,
Tous feux éteints, sous d'autres terres...
Morsure entre l'âme et l'amer...
Gorgone de jade et de gel
Qui me change en statue de sel...
Entre le vague et puis la mer...
L'invisible
Et l'indivisible...

TES 

Qui figent en moi l'animal
En un rayon d'amour infinitésimal.

Qu'est-ce que c'est ? Je ne sais pas... Des canons affamés qui m'appellent ; un orage de vers qui me hurle un testament d'enfant naissant dans une jungle d'air qui vrille. Une vibration de chair vierge assoiffée de sang libre ; un silence qui devient son bruit ; l'éclair qui dort dans l'eau stagnante et qui boit les coups du tonnerre ; leurs voix qui traversent les murs : ils veulent que je chante... Ce brame est celui du public. Et je l'absorbe dans un vide, perdu dans ma loge comme un oiseau dans sa cage. Ô cet hymne d'amour qui réclame ma mort. Je sais qu'ils veulent que je meure ; que j'éclabousse l'infini de la substance qu'ils puisent à ma source. Ils soufflent sur moi comme un vent sur la braise. Mon corps bat, mon corps bat ! Mon corps bat ! Je me tends ! Je me tends ! Je deviens de la pierre ! Un baiser qui se tord ! Je ne veux pas mourir ! « Francis ! Francis ! » Pourquoi moi ? Pourquoi m'appellent-ils ? Ce prénom qui n'est plus le mien dans le ventre de ce sas entre moi et mes restes... Un courant de désir incendie mes secondes. Je veux laper la racine de tous mes frissons, répandre mes pensées dans cet électre cosmique... Et je souffle les appliques (ces bougies de néon qui traquent mon image). Il n'y a plus que mon visage qui se découpe dans l'ombre des miroirs ; l'ombre de mon visage qui redevient visible dans l'obscurité. Je me cherche et pourtant je ne me trouve pas. Je ne distingue plus qu'un homme qui n'est plus un homme. Une forme qui n'éprouve plus rien, ni yin ni yang. Il y a mes cheveux ; ce grain de beauté là sur ma joue gauche ; ces yeux de moi qui ne voient pas qu'ils me regardent. A qui sont ces yeux-là ? Mes yeux... Je voudrais savoir ce que les autres voient dans mes yeux ! Cherchent en moi ! Ce qu'ils me trouvent ! Comme on me rêve ! M'imagine... Ce soir il y a treize mille personnes qui m'attendent. Je vais avoir treize mille identités en même temps pendant une même durée en un même lieu ; treize mille identités plus une autre, la mienne sans doute et que je ne connais pas. Je voudrais me dissoudre dans ce cri de moi qui me vient de la salle. Me voilà tout moi qui ne suis rien ! Et tous ces êtres qui viennent à leur rencontre en croyant venir à la mienne ! Ô je voudrais qu'ils s'aiment comme ils croient m'aimer ! Je voudrais qu'à travers moi tout ce qu'ils sont rayonne à tout jamais ! Je voudrais qu'ils m'ingèrent, me digèrent, et que, prenant mon énergie, leur feu redouble de mes flammes. Je voudrais que dans le noir qui va tomber sur eux leur vie devienne la lumière. Et je me traîne agonisant aux pieds de leur espoir ; prisonnier des mortes coulisses... Je voudrais leur donner tout ce que je n'ai pas. Ce trop-plein qu'ils m'insufflent... Particules ardentes de ma folie ! Pluies de météores implosant dans mon crâne ! Poitrine écrasée par le poids de l'ivresse ! Je crois que je vais brûler comme un fétu de nerf... Autour de moi tout fond ! Le sol devient le plafond ! Tous les objets des toupies qui disparaissent, réapparaissent ! Mon estomac remonte jusqu'à mes lèvres et m'évide sur le plancher. Je me traîne comme un animal blessé vers le lavabo surplombant ma détresse. Au secours ! Je veux sortir de là ! Silence... Bruits qui courent... Debout, l'artiste ! Fais-toi comme ils t'attendent... Il faut que tu te laves le sourire, que tu te changes, que tu te coiffes ! Que tu n'aies plus l'air de ce haillon que... je suis ! Je ne veux pas ! Je ne peux pas ! Treize ans déjà que ça dure ! Tous les soirs le même cancer ! Et mes mains qui pleurent comme un enfant appelle... La porte s'ouvre enfin... de l'aide. On me ramasse... On me recolle... On me rafistole... Un verre d'eau ! De l'eau sur ma figure ! De l'eau sur mon eau... Et dans les courants d'air toujours cette fréquence qui m'aspire, ce fluide qui me désintègre et m'immerge en son tremblement d'être. Je souffle, je souffle, je souffle et je crie de plus en plus fort, pour que la foule s'arrête ! Suis-je seul dans ma tête ? Ma chair devient fauve ! Mon crâne sauvage ! Mes bottes, vite ! Un ruban pour mes cheveux ! De préférence un ruban rouge, aussi rouge que mes bottes sont noires. Richard qui me murmure avec une voix sûre :

— Ça va aller, Francis ?

Et moi, propre comme un sou neuf, impeccable, de préférence impassible ; intact comme un sommeil après l'amour... Surtout ne rien montrer... Le couloir sans fin qui glisse sur mes paupières. Le bruit du noir salle au contact avec la foule. Le sourire de Marquito tous muscles bandés, prêt à bondir sur sa batterie ; Mimiss qui me demande des caresses en aboyant sur le dos, ses quatre bras tendus. Marquito qui sourit, qui n'est plus qu'un sourire ! :

— Ils ont envie qu'on leur donne, fils ! Ils ont envie qu'on leur donne !

Il me serre contre lui. Félix m'embrasse du regard, il a toujours peur pour moi. Tout le monde est à son poste...

— Envoie la batterie, Marco !

D'abord le pied de grosse caisse ! C'est le taping des villes ; en avant ! C'est parti... Une forêt de mains qui frappent à l'unisson, puis des milliers de gorges submergeant la scène en une voix de marée, un ultra-raz de râle et de joie, de joie qui hurle. Entrer dans cette onde de choc et se laisser transpercer par elle tout en l'amortissant ! Cette fièvre qui monte jusqu'à mon sourire, cette irruption de moi : Ça y est... Je vais chanter ! Chaque seconde est une heure, chaque heure une seconde ; je n'entends plus le temps passer. Je vois ce que je ressens : chaque être dans l'être comme un chœur de coryphées devenu des solistes ; il n'y a plus qu'une force qui s'élève et me transperce au-delà de l'espace, et chaque homme, chaque femme peuplant ce tourbillon d'auras ! Tout cela ne dure en fait qu'un instant d'éternité...

Du plus haut de ce ciel je tombe chaque soir comme Icare, lorsque mes ailes vocales ont fini de se consumer ; cela depuis treize ans de ce vol sur les routes ; depuis plus de trois mille de ces défis que l'on nomme concerts ; une heure, deux heures, trois heures, quatre heures, cinq heures et plus même chaque soir. Mon envol se poursuit vers la pupille du soleil. Tout devient l'énergie ! Chanter ! Chanter ! Chanter jusqu'à la fusion avec l'univers. Exploser ma gorge ! Imploser mon ventre ! Devenir le son qui s'appelle l'amour ! Les canons affamés dépècent mon esprit, déchiquettent mon âme ! Il faudra bien qu'un jour ils aient raison de moi. Que je quitte à jamais mon corps pour rejoindre enfin ma planète ; que je me désagrège dans le cosmos brûlant pour redevenir une étoile. Il fait Dieu partout dans ce monde qui danse... Mon essence s'élève au-dessus de ce rêve, plane en rimes avec les anges, et tout mon cœur devient faucon. Regardez-moi, je vole ! Je vole ! Je vole ! Je m'envole vers le soleil. Je suis Icare ! La colère d'Adam !

La revanche des anges désempennés ! Et je suis le sillage de mon sillage ! Ceux qui me suivent me précèdent. Ils sont vertige comme moi ! Je suis cet aigle qu'ils deviennent ! L'esprit qui retourne aux cieux ! Regardez-vous, peuple en vibrance ! Vous êtes des étoiles ! Et chaque poussière en suspension dans l'or devient cette chanson qui balaie l'atmosphère. Ce mot qui tisse le présent. Ce verbe du commencement. J'en reviens toujours là comme je vais de ville en ville, de concert en concert, de point zéro en point zéro... Et je renais de chute en chute de ma côte de reins brisés. Mes ailes tombent ; elles repoussent ; je rêve et puis je remeurs et je transmute le réel dans cette transe azurine où « l'A noir » devient « l'O bleu »... Les ténèbres se fissurent ! La lumière jaillit, réveille les feux qui dorment dans l'espace regardant ; multiplie l'être par l'Être ; révèle l'assistance au choc avec la scène, et l'artiste par son public et la grâce du spectacle... Et voilà : le verbe s'incarne ; il devient une chair, une chair faite d'autant d'âmes qu'il y a de sons dans le son et tous deviennent ce qu'ils sont... Et puis vient le point d'acmé de la tornade ; ce moment de spirale où les extrêmes s'aspirent ; où tout est accompli ; le néant fond sur moi comme en moi, me broyant dans ses serres ; la porte s'est refermée sur le paradis perdu un instant retrouvé ; sur l'âge d'or de Léo et d'Arthur. Et sans défense alors, recroquevillé dans ma scène hors de scène comme un fœtus avorté dans le formol de la solitude, ramassé sur moi-même comme un paquet en souffrance, j'attends avec stupeur qu'on vienne me chercher ; qu'on vienne m'arracher à ce bain placentaire où ce voyage m'a plongé. Et dans ce qui me reste d'invisibilité, d'invincibilité, malgré tous les regards qui soudain me salissent, je cache quelques flammes de l'astre du jour que j'ai pu garder en moi-même après ma chute. Alors l'après commence et le viol des chacras par tout ce qui m'approche ; et l'aigle apprivoisé de la réalité fait son nid dans ce vide, se pose sur mon souffle, et dévore ma foi.

un nu

Temps mort

Comme un fœtus croupit
Dans son eau, s'accroupit.
Dans le ventre du temps
J'attends,

Qu'on me sorte mort-né
Du vide où je suis né,
Comme un fœtus croupit
Dans son eau, s'accroupit.

Et l'eau dort, immobile,
Prête à se souvenir
De l'antre indélébile
Où j'aurais dû finir
Comme un fœtus croupit
Dans son eau, s'accroupit.

Ciel de lit

Lune sans pli, qui pâlit,
Froide au-dessus de mon lit ;
Comme un dessus de couette
Sur l'âme d'une chouette !

Fruit du ciel empoisonné !
Soleil mort ; abandonné !
Lune sans pli, qui pâlit,
Froide au-dessus de mon lit...

Dans la brume et la mélasse,
Horloge sans heure, lasse
Comme un morceau de glace émergé de la nuit...
Treizième coup de minuit !
Lune sans pli, qui pâlit,
Froide au-dessus de mon lit !

Overdose

Gar !
Rote
L'hé-
Ro-
Ïne,
Hé-
Ro !
As
Sas
Sine,
Gar-
Rotte,
Frotte,
Pique

Ma
Veine
A
Peine

Éclose
Et pleine,
Avide
Et close !

Unanime
Est le vide
Qui m'anime...

Arches funèbres
Dans mes ténèbres !
Soleil à ride !

Acide à sec
Dans la farine
Qui me dissec-
Tionnarine !

Poison miracle
Et qui m'oracle ;
Qui me sattrappe
Dans sa trappe !

Mon eaupium
Euthanasique !
Microbïhom

Métastasique !
Aride, amorphe,
Et polymorphe

Base morphine !
Toi la morose
Ame dauphine
De la Mort Rose !

Fleur d'épine ;
D'aube et pine
Née du Mal
LA-CRIM-A-L'-

Insu !
Ainsi-
SOICIDE !

Su-
I-
Cide...

Garce
Rose !
Parce
Que

Je
Me
Né
Crose,

Vers
Né
D'eaux,

J'aux
Vers
Dose...

Je t'écris ces mots en jaune ; en doré comme tes cheveux. N'y vois que le trésor caché dans l'île où se perdent les pleurs ; cet endroit secret où tu restes possible. J'ai cru si fort en cet amour qui venait juste un peu trop tôt. Trop tôt pour être vrai, tel que tu l'as rêvé sans doute aussi, mais si beau ; si chaud ; cet amour comme le corps d'une flamme qui renaît de sa danse et qui chante son fuego sur un air de Faya ; toi comme un incendie ; comme l'âme en essence dans ce mal en naissance entre nous, couvant la mort dans chaque vie. Toi, Nalie, dans cet air entre image et magie, algue solaire sur la torche de ma folie ! Toi ma tornade orange enceinte de mes tourbillons, m'animant tel que j'étais, me tramant à mon inverse, ne savais-tu pas que le jaune est aussi la couleur de l'automne et de l'ambre et de l'ocre et de tout ce qui donne à l'or sa patine ; à l'amour sa tendresse ? Il y avait la peur en toi, cette peur de ce qui fait ta beauté. La peur déjà qu'elle soit physique, et Dieu sait qu'elle l'était, qu'elle l'est encore et le sera toujours ! Cette malédiction d'Aphrodite, cet entre toi et toi gommant tout ce qui pourrait être toi-même dans le regard de l'autre ; ce regard fixe, qui rend tout obscène et dans lequel on voit frustration et désir copuler dans la fange ; ce regard qui tue... Moi, je t'ai vue pleurer d'être belle, je t'ai vue en souffrir ; attenter en vain à ta divine minceur, à cette identité parfaite entre tous tes points de cambrure ; tremplins vers le ciel où tu propulses les regards de tes Seins à tes Reins ; retour de l'R à d'S ; vertige de tes flancs s'envibrant comme ceux des gazelles au moment de l'envol... Je t'ai vue déchirer le cristal de tes yeux, désempulper tes lèvres ; en vain ; chercher à te rendre invisible avec sur ton visage psychéen l'impossible rictus du vouloir ne plus être... La beauté : cette laideur à l'envers, ce masque indélébile et que seul le temps peut arracher lorsqu'il est trop tard pour ne plus en souffrir. Ce reflet de la clarté qui ronge nos yeux dans leur chair, qui mâche nos regards ; ce fermer les paupières pour ne plus s'apercevoir... Toi si sensible aux caresses du vent, comme une vierge sacrifiée sur l'autel des tempêtes au souffle du dieu Brasier ; toi comme une cendrillon imperméable aux cendres, guettant l'instant qui tache sans le voir jamais poindre à l'horizon ; toi dans l'ardence du soir qui se maquille avant de se lever, toi, et cette peur de toi se transformant en moi chaque fois que dans mes bras je te disais « à tout à l'heure », « à demain », « à tout de suite » ; cette peur que je meure ou bien que je te quitte ; cette peur d'être abandonnée à ta beauté donc à ta solitude... Moi je te vois briller comme l'œil d'une nébuleuse, et ce trouble m'envahit, jaune comme une tache de fiel ou de miel. Je me dis soudain que l'amour est une chose hideuse parce qu'il nous attache à la vie ; je me hais si fort que j'en suis le néant. Aujourd'hui, cette goutte amarille qui tombe de nous me parle encore de toi comme une larme d'astre et me lance un toujours, dans ces bris de miroirs qui répandent notre histoire sur le parquet ciré de l'oubli. Je sens dans mes cheveux tes lacets de chaussons comme un nœud de branche rose ; et puis j'en reste las... Moi, j'ai un gros handicap dans la vie : je trouve les mots que d'autres cherchent ; alors « On » m'aime, bien sûr, et l'« On » m'en veut aussi pour ça ! « On » se dit : mais qu'est-ce que c'est que ce type qui peut dire les choses comme ça et qui les dit tout le temps et qui dit tout toujours et qui peut pas fermer sa gueule ! Et puis d'abord comment il sait ce que les autres sentent et puis comment il fait pour avoir encore les mots et pour les garder encore lorsqu'ils sont sortis de lui ? Comment il peut sentir et ressentir comme ça tout ce qu'il grave dans nos têtes comme si c'était la première fois même lorsque c'est la millième et toujours y croire ou bien en avoir l'air. C'est un peu comme les sentiments on se dit qu'est-ce que c'est que ce type qui s'émeut tout le temps et qui prétend pouvoir aimer quelqu'un toujours par exemple et puis un autre encore aussi fort mais différemment, alors que c'est bien connu : « On » ne peut bien aimer qu'un seul être à la fois ! « On » peut-être oui ; mais pas moi ! Je ne suis pas « On », qu'« On » se le dise une fois pour toutes ! Et qu'On arrête de m'emmerder la vie avec ce cOn de « On » ! Moi je suis JE : celui qui aime ! Je suis Francis, José, Lalanne, fils de Francis Louis Jules Lalanne et de Saïdé Renée Manzor : Francis qui ne conjugue jamais le verbe amour à l'imparfait ; Francis, trouveur, jongleur et chevalier, Francis, l'ami poète, Francis qui boit la mer, fume le vent, parle l'oiseau et tutoie les forêts ; Francis le Lion aux pieds ailés qui franchit les montagnes d'un coup de bottes magiques ; Francis le diable, le méchant, qui se déguise en mot d'amour pour abuser de tout le monde ; Francis la mauvaise graine, le petit frangin de Satan ; tu sais, Lalanne, comme ils disent à la télé ; Francis l'incorrigible ; Francis l'inadmissible ; celui qui rêve à voix haute, et qui n'en a rien à foutre de pouvoir ou pas se regarder dans une glace puisque son image n'imprime pas les miroirs. Je le sais depuis qu'un jour Léo m'a dit « réfléchis bien avant de dire Non, Francis ! car après ces trois lettres il y a l'enfer ; le chaos... ». Je sais, comme il me l'a dit un jour, que « l'amour, l'anarchie, bref, la liberté, c'est l'extrême solitude » ; que « On est seul ; qu'On naît seul ; On vit seul, On crève seul », et que pour ça au moins On et moi on est pareils. Je sais que tel est mon destin d'Archange aux ailes mortes et je n'attends rien ; aucun geste, aucune main tendue, aucun réconfort ; ni la fleur d'une amante reconnaissante ou d'un ami se souvenant, ni même une larme, rien ; je n'attends rien de rien ni de personne ; rien que des crachats sur ma tombe et quelques sanglots égarés ; peut-être... Sans doute ai-je commis l'erreur un jour d'attendre le train de quelque chose ou de quelqu'un... Sans doute as-tu commis cette erreur aussi, Nalie ! et cru que c'était moi ; sans doute n'avons-nous été qu'un morceau coagulé du sang de cette illusion qui s'appelle l'univers...

Je te salue, Nalie, pleine de larmes, toi qui pleures dans mes bras ; je pleure aussi comme toi sur le trottoir de l'avenue, Paris, Champs-Élysées, mardi après-midi, pluie battante, le cœur comme la pluie. Pas envie de nous abriter. Je te dis cet appel de je ne sais quel large, ce malgré moi qui me pousse à la dérive, loin de toi ; cette épave de moi-même... Et tu me dis cet amour que tu portes au fond de toi comme l'enfant que nous n'aurons jamais. Je te serre ; tu me presses ; le ciel s'écroule sur nos yeux ; le courant tiède de nos larmes, la gifle glacée des cordes, et toujours cet unisson à l'épigraphe de nos vies, cet ouragan de mal-être à l'épicentre de nos rêves et qui nous pousse dans le manque ; et qui nous broie sur les rochers du souvenir. Nalie ! jolie Nalie ! Je t'en supplie ! Ne pleure pas ! Si tu savais combien je t'aime ! Et tous ces mots qui sont le lieu commun... Nos mains qui s'accrochent à nous, le vide à nos premiers regards, nos lèvres : mûres emmurées, derniers baisers, l'orage, et le film de nous deux qui repasse en vitesse accélérée comme à l'instant de la mort : d'abord ton cou de biche au bois, sous ton visage penché comme pour boire au lac ; cette tasse de café dans ce bar où je t'ai vue pour la première fois, sans même être vu de toi ; ce port de reine enfant, d'infante des nuages ; et tes cheveux tressés comme une anse d'osier ; tes airs de sauvageonne en haillons de soie rose, un walkman sur le front en guise de diadème à ton premier regard un matin chez Patrick ; ton rire avec Laurent dans ce clair de tes paupières : ce rire en arc-en-ciel avec lui comme un lit d'enfance ; notre première balade en forêt, ma main frôlant la tienne, et tes baskets en canard cherchant mes bottes de sept lieues ; notre première nuit à Neuilly sur le toit d'un immeuble ; et puis tes vingt ans à Venise... Tes pieds après la danse comme des oiseaux blessés dont je massais les ailes, et ton sommeil contre moi : cette vibrance à protéger jusqu'à ton cours du matin... Cet adage avec toi, de chaque jour, de chaque instant ; l'interminable porté de vivre avec ta danse, et pourtant la récompense de te voir chaque jour redessiner l'espace ; cette façon d'être toi quelles que soient les circonstances et les concours de danse à l'opéra ; les doigts qui se nouent, les gorges qui se croisent, les yeux qui se serrent, les cœurs qui se tendent comme des pointes, les larmes des échecs et celles des victoires : ces grosses larmes de ballerine, pour un oui pour un non, que j'ai séchées ou bues tant de fois, sur tes joues, ces larmes qui tombent sur l'asphalte comme la pluie sur nos je t'aime, aujourd'hui, mardi après-midi, Champs-Élysées, à Paris, Nalie ! Jolie Nalie ! Si jolie même quand tu pleures ! Si belle même quand tu es jolie ! Dire qu'aujourd'hui c'est moi qui fais couler tes larmes... Nos corps entrelacés trempés de nous dans la grisaille ; et soudain le désir qui monte ; une envie de dernière fois ; nos langues qui se brûlent et le rouge de nos yeux qui veut devenir bleu, bleu de nous, bleu de tout ; ce cri qui monte et ne sort pas, ce hurlement de sang qui va nous exploser ; l'envie de ne plus vivre et de ne pas mourir ; ce froid comme jamais qui ne sent plus le froid ; ce feu comme jamais qui ne sait plus le feu ; cette fin ! Ô cette fin ! Ce mot que je déteste ! Ce frisson que je hais ! Cette odeur de j'ai mal ! Ce couteau de Toi qui m'évide comme un poisson décapité ! Ce fracas d'amour ! Ce blanc qui se défait ; ce tout pour le rien monsieur Lalanne s'il vous plaît.

— Hein ! Quoi... Quoi ?

— Francis ? Vous êtes bien Francis !

— Hein ? Francis ; oui ! Bonjour, euh... Bonjour...

Je me retourne ; un autre visage qu'elle !

— Vous pouvez me faire un autographe, s'il vous plaît ?

— Un... quoi ?

— Un autographe !

— Un autographe ? Euh... oui ! Bien sûr...

— Vite, s'il vous plaît, parce qu'il pleut !

Nalie cache sa tête dans ses mains et moi je regarde l'intrus avec des yeux sans visage. Il me sourit. Sec en dessous de son parapluie, sort un papier de sa poche, et moi : Vous avez un stylo ? Lui : Non ; mais j'ai un feutre !

— Jeuh... mets... à quel nom ?

— Vous mettez pour Marcel et Sonia, s'il vous plaît !

Amicalement, Francis Lalanne, et puis voilà ça ira comme ça ; merci.

Il s'en va vite, manifestement perturbé par les quelques éclaboussures de vent sous son parapluie. L'instant qui jaunit à la vitesse du feu... Scène de la vie quotidienne d'un chanteur du Top 50 ; Nalie ! Où est Nalie ? Je ne la vois plus ! Je ne la vois plus ! Jaune.

Je suis si attaché à Dom Juan, il ne saurait se battre que je ne me batte aussi ; mais enfin j'en réponds comme de moi-même, et vous n'avez qu'à dire quand vous voulez qu'il paraisse et vous donne satisfaction.

Dom Juan

L'aventure commence ici.

... Il y a des jours où le soleil ressemble à la lune et le temps à l'espace. Carnet de bord de Dom Juan Ténorio Junior. Coefficient espace-temps. Paris ascendant septembre...

10/09/87. 4 heures du matin

Je suis prêt à faire le grand saut ; quelque chose comme l'angoisse oubliée de la naissance, le doute qui précède toutes les mues de l'existence. Je suis dans le coma, debout. Et toujours ce feu dans le bide malgré dix ans de scène ! La tête dans les chiottes, chaque fois que la représentation se rapproche de moi... !

Toujours cette douleur à l'endroit de mon rôle ! Après ! Pendant ! Jusqu'au bout ! Je crois que je suis en train de faire une crise de lucidité ; de vomir le monde. Et dire que tout à l'heure je serai à nouveau Dom Juan...

Tout ça me semble d'une banalité sans nom... pourquoi tenir le journal d'une vie qui n'est pas la mienne... Il est quatre heures ; il fera bientôt jour ; je me souviens des premiers mots que m'a dits Jean-Luc, il y a douze ans, au carrefour d'une porte à la Sorbonne quand je l'ai rencontré : « Tu veux faire du théâtre, toi, non ? »

11/09/87. 16 h 30

Je voudrais un tremblement de terre, un raz de marée, une pluie de cendres sur Paris ! Je voudrais que les spectateurs ne puissent pas venir pour ne pas avoir à jouer ce soir !

12/09/87. 20 heures

Où est Charly ? Mes bottes me rabotent les chevilles, et mon pantalon tout le long se découd. Parfois, sur scène, j'ai le ventre à l'air comme un poisson mort dans l'eau qui dort. Je me sens plus proche du capitaine Fracasse dans son château de Misère que de Dom Juan. Je suis en train de le quitter à l'image de son costume. La peau décharnée de mon personnage se décompose inexorablement, et mon habit de lumière souffre d'une panne d'électricité. La foudre du commandeur est tombée sur mon épée toute neuve, et je ferraille à présent avec une épée louée. Loué sois-tu, Dieu du commandeur, et maudis sois-tu pour tout cela ; pour avoir fait de moi ce gentilhomme errant, ce prince charmant sans cheval blanc, ce Jean sans terre, ce d'Artagnan sans mousquetaire, cette feuille de moi-même tombée d'automne en hiver...

Cher Commandeur ! Je te commande pour les neiges prochaines une panoplie géante de mon héros défunt. S'il te plaît, apporte-moi un costume de Dom Juan tout neuf, que j'entre à nouveau dans la peau de mon personnage. Petit Papa Noël ! Je voudrais aussi un dragon qui crache du vrai feu, et puis un metteur en scène pour me reprendre à zéro, et des amis pour de vrai, pour toujours, qui ne passent plus à côté de mon amour. Amen.

13/09/87. Minuit

Jean-Luc ne peut plus rien faire pour moi. Il a lâché ma main. Il m'a guidé jusque-là pour me livrer à moi-même. Je suis seul au milieu de la forêt ; je dois retrouver mon chemin à travers les étoiles. Il faut que je devienne un arbre assez solide pour résister au vent. Ou je pousse ou je casse ! « La cognée est à la racine des arbres ! Tout arbre qui portera de mauvais fruits sera coupé et jeté à terre ! », disait Jean-Baptiste, l'autre, le saint. « On reconnaît un arbre à ses fruits », disait le Christ peut-être à Judas. Je dois vaincre le démon qui m'habite. Celui à qui mon cœur et mon corps ont donné asile depuis toujours ; celui qui se nomme à présent Dom Juan. Voici venu le temps de l'épreuve. Celle du feu sur les planches, celle où l'on affronte son double à l'extérieur de soi. Ou j'ai raison de lui, ou je perds la raison. Il faut que je trace de manière indélébile cette frontière autour de mon âme au-dedans de laquelle je suis chez moi, au-delà de laquelle je ne suis plus personne. Il faut que je me pisse comme un chien pour délimiter les territoires. Il faut que moi je sois propriétaire et l'autre locataire de la maison de ma chair ; de mon essence et de mon esprit ; celle que je lui loue pour le prix du spectacle. Je suis la source et je dois le rester ! sinon le sang qui coule dans mes veines ne sera plus mon sang mais celui d'un autre ! Sinon je ne pourrai plus jamais vivre sur terre ! Sinon ma folie deviendra une lésion, une maladie et non plus un vaccin contre le réel, un terrain de jeu pour ce que j'ai de poésie en moi, le théâtre permanent de mes rêves...

21/09/87. 19 heures

Comme tous les soirs à la même heure, Sophie me maquille. Je sens ses mains qui me caressent, et dans le miroir je ne vois que ses yeux, ses yeux qui m'aiment, ses yeux qui brillent pour moi ! Leur lumière comme un onguent sur ma peau ! Je me sens devenir étoile, et chacun de ses regards est comme un premier baiser. Mes mains se posent sur ses reins, sur sa taille, si fine qu'il me semble parfois la prendre tout entière entre mes seules mains. J'enlace son ventre et j'y blottis mes lèvres. Elle caresse mes cheveux, nos cœurs qui battent l'un pour l'autre et notre chair qui frissonne au son du brouhaha qui pénètre les haut-parleurs de la loge. Ce brouhaha qui nous submerge et qui se nomme le public. Cette marée qui monte et dont la vague extrême sera le silence qui vibre, alternant le flux des rires et des murmures avec le doux reflux des applaudissements. Ô cet instant merveilleux, ce calme d'avant la tempête ! Cette femme qui s'apprête et fait de moi ce chœur battant. Je la regarde s'habiller, mes yeux deviennent sa cambrure, et, quand elle est prête à son tour, elle se fait un nid de moi. Mes paupières sur sa poitrine, mon front devient son cou, et nous sommes chaque seconde. Ô Sophie ! Notre vie qui ne fait pas mal parce qu'elle n'est faite que d'instants... Tes longs doigts qui me cherchent et ton sourire astral qui m'emplit de sa neige au plus fort de mes flammes... Ce sentiment que rien de ce que nous vivons sur scène ou hors de scène n'a de rapport direct avec la réalité ; que nous sommes en cavale, à l'abri, bien cachés dans une autre dimension ; que, lorsque nous jouerons ensemble sur les planches ou lorsque nous ferons l'amour après la représentation, nous commémorerons la naissance de l'univers sans tomber dans le piège de Dieu...

Le brouhaha s'intensifie ; une voix dans les haut-parleurs : « Mesdames et messieurs, en scène dans dix minutes ! » Cinq, quatre, trois deux, un... La descente dans les couloirs, glacés de la peur qui nous gagne, vers ce point de lumière obscure où nous attend l'au-delà. Ces instants d'encore avant... Ce moment de coulisse ! Sophie qui tient ma main ; mes phalanges qui broient les siennes ; tous ces baisers d'avant la mort que l'on se donne pour repousser le vide ; ce mot que l'on murmure même au pompier qui passe ; à tout ce qui bouge ; et même aux objets quelquefois ; ce « merde » que l'on susurre en croyant le hurler... Tout le monde rejoint son poste, le public s'est tu. Le silence commence. Les fauteuils craquent ; quelques dents claquent. Sophie m'embrasse une dernière fois comme sur un quai de gare ; comme avant un départ pour la guerre. Puis sa forme s'éloigne à pas futurs, comme un bateau quittant le port, doucement, toujours les yeux sur moi. Sa silhouette d'enfant fragile recule et disparaît lentement dans l'ombre des pendrillons. Son image s'estompe de plus en plus mais je sens toujours sa présence, et juste avant le lever du rideau sa voix me lance, dans un dernier regard : « Francis ! Je t'aime ! »

Avant s'achève. Pendant commence. Pendant : l'instant qui s'écarquille ! Jean-Luc est sur la scène ; à moi bientôt ! Je suis comme un puma guettant sa proie. Le corps prêt à bondir, j'attends dans l'invisible. Je crois qu'il n'est pas une seule de mes terminaisons nerveuses qui ne soit sollicitée par ce courant qui me brûle et m'aspire. Ô cette impression de fusion totale avec soi-même ; d'être vraiment tout son corps et de le sentir vivre dans son intégralité ! De la pointe de ses cheveux à l'extrémité de ses ongles, être une âme de chair et de sang ! Être chacun de mes organes ! Être mes veines ! Mes os ! Mes nerfs ! Être ce fleuve où ma double âme coule ! Où mon esprit se lave de son feu terrestre... Comme un typhon qui va m'emporter, le moment se rapproche ! Je vais entrer dans l'espace magique. Un tourbillon m'envrille... Ça y est, je vais jouer ! Tout se démultiplie, le temps, l'espace, moi... Je suis un fœtus entrant dans le couloir vaginal. Au bout du tunnel un jour m'attire, m'appelle, m'absorbe ! J'entre dans le jour ! Une douleur m'aveugle et je dis mes premiers mots comme l'enfant son premier cri ! « Qui donc te parlait là ? » Première réplique de mon partenaire, on tranche le cordon qui me rattache encore au ventre de l'avant...

C'en est fait, je suis né, ma vie commence, je n'ai plus qu'à la perdre. Mourir en cinq actes, vite ! Voir en vitesse accélérée l'avant basculer dans l'après, du premier cri jusqu'au dernier soupir pendant ce qui n'est qu'une escale et qui s'appelle une existence. L'amour, la haine, le sexe, la violence et la peur ; l'hypocrisie du monde et la folie de la révolte ; la quête de la liberté, de l'argent, du pouvoir, du plaisir, du bien-être, du bonheur, du malheur, de la joie, de la peine et de Dieu bien sûr parce qu'il faut bien trouver un responsable à tout cela. Recommencer sa vie et la finir chaque soir, c'est un peu comme faire l'amour avec la mort. Je la vois dans chaque regard de femme qui s'offre à moi sur scène ; je l'entends dans chaque mot que prononce mon personnage ; je la sens dans chacune des répliques de mes partenaires comme un présage inachevé. Plus je suis Dom Juan, plus je la déshabille, plus sa beauté m'enivre et plus cette vie qui m'enchaîne à la chair me semble hideuse ! Elle est la reine des sirènes et son chant m'entraîne vers le ventre d'où je viens ; la cicatrice ouverte d'où j'ai chuté comme un ange déchu du premier Paradis ! Elle est ce septième ciel où je veux retourner ; le paysage absolu de ma délivrance ! Elle est cette femme squelettique, sans formes tentatrices et qui brandit mon bas-membre comme un manche de faux sanglant dans le tréfonds de mes orgasmes ! Serpent d'argile, elle se brise à chaque ondulation, répand ses bris de terre comme autant de ses écailles sur le lac ardent que sa langue exsangue crache en moi ! Dom Juan me dit : Va ! Cours la rejoindre ! Tu vas connaître enfin l'Étreinte ! Celle dont le manque te ronge comme un ver insatiable ! Une flamme « invisible » alors te brûlera et tout ton corps pris dans son sein deviendra femme en toi « comme un brasier ardent ». Il n'y aura plus de phrase assez forte pour exprimer l'extase de tes sens, et tu n'auras plus qu'à coupler ton dernier soupir avec ce « ah » qui veut dire je jouis ; ce faîte du plaisir qui durerait l'éternité ; cette appogiature infinie qui prolongerait pour toujours cette note que l'Amour puisa dans son Verbe pour écrire les trois mots qui firent l'Univers... Ô macabre icône voilée sous le grand drap noir de l'Ankou ! Ô Yemanja ! Ô reine des sirènes ! Mange mon âme autant de fois que je tromperai Dieu, mon pénis dans ton cœur planté comme un couteau ! Dom Juan ! Conduis-moi vers le viol de l'esprit dont la lave sommeille au plus noir de mon sang ! Chaque soir fais-moi vivre encore cette ivresse ! Par mon jeu deviens si pur que le mal s'empoisonne en dévorant notre être ! Chère et tendre charogne, allons pourrir ensemble et copuler sans fin de théâtre en théâtre ? Rien que toi et moi ! Sur la scène faisons l'à mort encore une fois !

03/10/87. 2 heures du matin

Comment franchir enfin le miroir dans les deux sens ? Il n'y a qu'une place dans la barque du passeur ! Une fois de l'autre côté, comment revenir en arrière ? Comment trouver son chemin dans le royaume de la mort ? Comment renaître à la vie avec un passeport pour l'éternité ? Ceux qui reviennent d'où personne ne revient ne sont pas des êtres vivants, ce sont les descendants des héros des légendes. Dans le sas entre l'imaginaire et la réalité qu'est la scène, le passeur — le metteur en scène — mène l'acteur d'une rive à l'autre sans jamais en fouler le sol pour autant. Quant à l'acteur il se doit de conquérir le droit de voyager sur la rive de son choix ; de passer de l'une à l'autre sans y perdre l'essence. Là commence l'initiation du comédien jusqu'à ce qu'il devienne le maître de son jeu. Alors le passeur a le droit, lui aussi, de devenir un voyageur des deux rives. Il y a deux places sur la barque, et c'est le personnage incarné par l'acteur qui devient le passeur...

05/10/87. 17 heures

Mon costume n'est pas une peau, c'est un cocon. Je sens ma vie qui se termine par autre chose que la mort.

10/10/87. Minuit

Je suis sûr que les années hors du temps ont 13 mois, que les horloges hors du temps ont 13 chiffres, et que les portes qui s'ouvrent au 13e coup de minuit nous font traverser la lumière dans les deux sens.

Au-delà du chiffre 12, il y a une porte qui, je le sais, je le sens, va s'ouvrir pour mon autre et moi-même en moi-même et partout. Perdu dans mes ténèbres, je la vois s'entrebâiller, mon corps filtrant sa divine lumière. Et tout devient alors comme ce rêve que je fais sans cesse où celui que j'appelle vieil homme, avec ses longs cheveux blancs, sa longue barbe blanche, avec sa longue robe blanche qui brille dans la blanche lumière, et qui me parle dans mes rêves, s'adresse à moi petit garçon à la cour d'un pharaon de je ne sais quelle Égypte. Il me sourit de ses yeux sans couleur apparente et me montre un autre homme, chauve, entouré de livres et de rouleaux de parchemins, qui brille lui aussi comme illuminé par sa propre connaissance.

Le vieil homme demande à l'homme chauve de me prendre dans ses bras ; je cours dans les bras de l'homme chauve, et là je vois derrière eux s'illuminer un mur rempli de chiffres, de lettres et de signes inconnus. Au milieu de ce mur de lumière une porte marquée du nombre 13. Elle s'ouvre sur une lumière encore plus aveuglante et plus blanche, dessinant une silhouette, en contre-jour, rappelant celle du vieil homme aux allures de druide. J'entends alors sa voix me dire : « A présent, va ! Va vers ton père ! » La porte s'ouvre complètement. L'homme chauve me conduit vers cette porte. Je m'approche de plus en plus de la silhouette en contre-jour. A l'instant où ses traits vont m'apparaître, je m'éveille...

Je fais ce rêve chaque fois qu'une porte va s'ouvrir dans mon cœur, ou dans ma vie. J'ai fait mon rêve à nouveau cette nuit...

Peut-être est-ce tout simplement cela qui se déroule en moi ! Peut-être dois-je attendre le 13e moi de mon être-acteur pour qu'il m'accueille, tout illuminé du rayon des étoiles au plus profond du jour.

Peut-être dois-je attendre le moment d'être enfin dans le bon état, le bon endroit pour avoir accès à ce sas entre moi et moi-même. C'est bientôt le moment, j'en suis sûr. L'état dans lequel je suis, c'est la sensation que tout cela va être ; se fait en moi ; au moment où je suis sur la scène. Et Dom Juan ? Je crois que c'est un guide, et je crois que c'est lui qui me guide vers cette porte en surgissant d'un livre, comme l'homme chauve aux allures de scribe dans mon rêve semble naître pour moi de ses rouleaux de parchemins. Gentil Dom Juan, dans ce dédale de vibrations qui m'éclatent, c'est dans tes bras de feu que je veux me jeter. Je cours sans crainte vers ce labyrinthe d'ondes qui se répand dans mon corps, dans mon cœur, au-delà de mon âme, et tes bras sont le « Pèse nerf » que décrit Antonin Artaud, comme un courant de flamme qui m'emporte et court du fond de moi jusqu'au plus profond de mon être. Voilà ce que je vois ! Voilà ce que je sens à présent ! Comme une brise sacrée autour de moi, en moi, et qui me protège et qui me réchauffe et qui déjà me consacre ! Et qui déjà me constitue ! Reconstitue la trame déchirée de mon essence et de ma chair ! Tiens bien ma main, Dom Juan ! Ne la lâche pas dans le noir ! Fais que mes yeux voient ! Que mes oreilles entendent ! Et rends à mon cœur la page arrachée du miroir !

12/10/87. 13 heures

Il y a une femme en moi qui prend toute la place et l'espace de l'homme inutile, du sous-humain que je suis ; de celui qui tue, qui détruit, qui casse pour casser, qui fait mal pour faire mal sans même savoir si le mal existe. Et chaque femme dans ma vie m'éveille à cette femme, m'initie un peu plus à ma féminitude : en tout pour moi le contraire de la virilité ; ce mot qui fait de l'homme sa caricature.

Ô féminitude ! Féminitude divine ! Féminitude sacrée ! Qui seule peut me faire oublier cette blessure d'homme, « cette blessure d'où je viens », comme l'écrit Léo Ferré ! Femme astrale ! qui m'éloigne un peu plus chaque fois de cet homme qui n'a de sens que lorsqu'il fait vibrer l'essence de la femme ! De cette femme qui vibre en moi ! Par qui je ne fais pas le mâle pour le mal ; celle que le corps des hommes répugne, le cœur des hommes répugne, l'esprit des hommes répugne !

De femme en femme mon énergie-femme se nourrit d'elle-même, devient plus puissante et plus intense. Et la femme en moi se complète, trouve les pièces qui lui manquent pour devenir un peu plus LA FEMME ; celle qui n'existe pas ; celle que je cherche de prochaine en prochaine ; celle à qui je m'enchaîne, et que j'enchaîne à ma folie. Celle de qui je viens et que je dois quitter juste avant de l'aimer un peu moins. Celle par qui Dom Juan peut prétendre à une âme, parce qu'elle est en l'esprit saint de la femme, ceint par elle ! Parce qu'elle fait de lui l'homme le plus fidèle à la femme qui soit au monde, à cette femme qui brûle en lui. Qui brûle et consume un peu plus chaque fois l'homme dans la peau duquel je me sens si mal quand il entre en résonance avec les autres hommes ; ceux à qui j'abandonne hélas toujours la femme d'où je viens ; ceux qui vont s'accoupler à son corps sans lui prendre son âme ! tous ces « mâmâles à leurs femelles », et si possible aux femelles des autres. Qui sait la douleur de Dom Juan lorsqu'il quitte Mathurine pour Charlotte, et qu'il aime aussi fort Charlotte et Mathurine, et celle encore qu'il va croiser en coulisse pendant que Sganarelle fait diversion avec celles que son maître oublie là sur le devant de la scène...

Pauvre Dom Juan ! Ane de Buridan ressuscité d'entre les ânes, par la grâce d'un Dieu qui veut l'abattre. Un Dieu « mitonné maison » qui fait faire le sale boulot par un porte-flingue de pierre.

Pauvre Dom Juan ! Tu vas mourir à la fois de soif et de faim. A égale distance d'un seau d'eau et d'un seau d'avoine, ayant également faim et soif ; à égale distance de deux femmes en les aimant également toutes les deux. Bout de fer écrasé par deux aimants propulsés des quatre coins de l'univers, tu vas mourir également de faim et de soif parce que l'on t'a raconté qu'il fallait boire et manger pour vivre ! Tu vas mourir quand la main qui t'anime t'aura mis dans un corps ou pire dans une pensée. Moi je ne mourrai pas, car un jour le vrai Dieu me donnera l'immortalité simplement pour aimer. Tant pis pour toi, Dom Juan, mais c'est moi qui ferai le chemin de cette pierre-là ; ce premier pas posé sur la terre de l'immortel été.

Ce joyau que tu cherches dans le ventre des femmes, enfoui dans leur secret, ce n'est pas toi mais moi qui le découvrirai dans la divinité mère : celle qui donne la vie sans la mort en prime ; celle qui rime avec la femme et qui est Dieu ! La sublime araignée ; la tisseuse de l'univers ! C'est pour tendre vers elle que je veux vivre dans sa toile, et ne me prendre aux femmes qu'au paroxysme de l'amour.

Dom Juan, cher Dom Juan ! toi qui fais de moi ce vampire allant de femme en femme pour s'emplir de la substance qui nourrit la vie ! Libère-moi de toi pour que je sois moi-même la vie ! Enfin la vie ! Celle qui n'a pas de fin... Gentil Dom Juan, prends ma chair ! Nais de moi ! Deviens cet enfant que je ne pourrai jamais porter pour qu'advenant à la vie tu deviennes mortel et qu'en t'enfantant je devienne enfin femme !

13/10/87. Minuit

Je sais à présent que mon guide me suit, qu'il se confie à mon essence comme à l'éternel ami, celui qui ne nous quitte pas, même dans l'infortune. Je sens comme un feu qui dévore la lune et qui s'appelle le soleil.

Je sens vibrer en moi la femme qui m'appelle, celle qui, d'un regard ou d'une vie sans tache, viendra m'éveiller à moi-même, éveiller cette femme qui sommeille en moi pour qu'elle soit enfin ; pour qu'elle jaillisse enfin de moi ; pour qu'elle naisse du fond de mon cœur comme Ève naquit d'Adam, et qu'elle s'incarne au-delà de ma chair comme j'incarne aujourd'hui Dom Juan... Celle-là sera ce qu'elle dit. Sans réserve ; et sans lutte. Au-delà du bien et du mal que je pourrais lui faire. Elle sera toutes les femmes ; Ma femme : ma première femme ; parce que je serai son dernier homme. Au-delà du temps, de la souffrance, et même de la mort. Elle sera la certitude ; ma certitude, que la femme existe ; la Vierge que j'attends ; l'immaculable vierge ; celle qui le sera de plus en plus fort chaque fois que mon corps rentrera dans son corps : l'amour qui vibre dans l'Étoile...

Ne pleure pas, Dom Juan ! Je te promets que je la trouverai !

14/10/87. Au petit jour

Dans la nuit, la porte s'est ouverte et j'ai vu la lumière. Oh ! quelque chose de simple et d'indicible en même temps ; comme une porte qui s'ouvre vers son au-delà. Mon esprit comme un bourgeon s'épanouit, s'ouvre à sa fleur générique, celle qui redevient fleur, de bourgeon en bourgeon, sur une même tige. Ô soudain cette impression divine de savoir ce que l'on est au moment où l'on vit : voilà ce qui m'arrive...

Il n'y a plus de mur entre Dom Juan et moi. Il y a identité. Identité mutuellement consentie. A présent nos noms importent peu. Nous sommes et nous vibrons dans un autre langage. Sans doute celui de l'éternité. Dom Juan n'a pas besoin du corps d'un autre, ni du mien, ni de celui de personne. Il a son propre corps et sa propre existence, je la sais, je la sens à présent. Les personnages de papier ont un corps dans la lumière, celui de l'être qui les a créés, de l'être qui les a pensés, et même parfois celui que l'imagination de leur créateur a laissé dans la lumière. Ce duel entre Dom Juan et moi n'était pas un duel, mais bien le croisement de nos deux essences. Il m'a guidé au pays de la sienne et je l'ai guidé, moi, au temple de la mienne. Mesurer nos dimensions respectives pour prendre une dimension commune donc supplémentaire, telle était la mission, telle était l'aventure. Le duel c'est pour la galerie, c'est toujours pour la galerie, n'est-ce pas, ma chère âme ? Souviens-t'en si le sort te change en Cyrano ? Le jour viendra bientôt de te rendre à ton ciel pour m'ouvrir à quelque autre esprit ; alors il faudra que je devienne fleur encore ; cette fleur de la même fleur ; cette autre corolle de la même fleur, sur une même tige... Et le parfum que ma corolle défunte aura dégagé sera comme la mémoire d'un corps dans le rêve d'un ange. Quel ange alors viendra prendre chair, de quel Verbe à nouveau deviendrai-je la langue ? Telle est la seule question que je dois me poser ; et foin de la nostalgie ! Pardom Juan mon frère ! Si déjà je te rends à ce vent d'où tu viens ! Je dois me préparer à devenir cet ange. Celui qui frappera des ailes à la porte de mon cœur.

25/10/87. Minuit

De saut de l'ange en saut de puce, l'avant et l'après se confondent ; je suis enceinte de moi pour le meilleur et pour le pire à nouveau ; plus fort encore et délivré, peut-être d'un hôte indésirable ; d'un enfant que je ne veux pas. Le concevoir pour le délivrer de ma chair à son tour ; pour le bannir à jamais de ma trame... Le temps ressemble à mes prières. Mon chapelet s'est brisé, ma chapelle est ardente ; c'est une scène mouvante où, par l'épreuve, je suis devenu acteur, comme un jeune indien devient chasseur puis guerrier ; comme un écuyer devient chevalier. Le public a prononcé les mots magiques : paroles sacrées de l'adoubement que sont les bravos ! Pour lui j'ai vaincu le dragon et libéré le Souffle ! La scène est couverte de fleurs ! Les larmes coulent sur tous les visages et l'apprenti sorcier que j'étais se sent enfin magicien ; comédien par lui-même ! Et Dom Juan restera mon vassal aussi longtemps que je le servirai ! Maître et serviteur : tel est le poète d'Hérodote, l'archidruide, le Verbe fait Homme illuminé par son œuvre !

L'Artiste n'obéit qu'aux lois qui lui obéissent. Il fallait que j'en passe par là. Sans doute... La terre a tremblé de mon âme. J'ai cru que j'allais être victime du dérisoire mais j'ai vu la lumière une fois de plus et tout en moi s'est apaisé. Le théâtre nous éloigne de la vie de tous les jours et nous rapproche de celle de toujours. Me voilà désormais chevalier des deux rives et prince des deux rêves...

Carnet Secret d'un Jeune Prince Libertin

PROLOGUE

La Princesse
Ce prince-là n'est pas de qualité
Car il m'a fait une infidélité !
Le Prince
Prince charmant, ne se peut-il qu'on mente
A sa princesse, fût-elle charmante,
Sans que l'amour ne vous en soit ôté ?

La Princesse
Un prince doit dire la vérité
S'il ne veut pas avoir démérité !
Le Prince
Pardon si je ne suis pas, Belle Amante !
Ce prince-là...

Et si j'ai, de votre ingénuité,
Cruellement, sans remords, profité,
Je ne veux point que cela vous tourmente !
Réveillez-vous ! ma Belle au bois dormante !
Je ne suis pas, et n'ai jamais été
Ce prince-là...

A celle que je nomme S. aiR pour ne pas la nommer

S. aiR ! Ô toi qui fais de moi ce prince aimant
Qui ne sera charmant qu'autant qu'il t'aimera !
Qui vivra l'avenir, de nous deux seul verra
Si l'éternel amour dure plus qu'un moment...

Ne cherche plus en moi, sempiternellement,
Cet éternel amant dont l'éternelle aura
Fait rêver chaque fille au prince qui viendra
Pour que ce rêve-là dure éternellement
S. aiR...

Nul ne sait aujourd'hui ce que demain sera !
Lorsqu'il naît nul ne sait ce qu'amour deviendra !
C'est l'instant qui l'anime, où le prince charmant
De son sommeil, enfin, la belle éveillera...
Ne m'aime plus en rêve ! Aime-moi donc vraiment
S. aiR...

VII

Aime-moi donc tel que je suis,
Sans me tromper avec moi-même !
Tel mon rival tu me poursuis ;
Aime-moi donc tel que je suis !
Cette ombre de moi que tu suis
Ne t'aime pas : c'est moi qui t'aime !
Aime-moi donc tel que je suis,
Sans me tromper avec moi-même !

IX

Dès le premier instant, dans ce théâtre nu,
Dans ce couloir d'attente où tu cherchais un rôle,
Où le hasard voulut que ton regard me frôle
Et que, cherchant mes yeux, les tiens m'aient retenu,
Je fus cet amour-là dans lequel on s'enrôle ;

Ce départ pour la guerre où meurt l'être ingénu ;
Je fus cet amour-là dont nul n'est revenu ;
(Nous en rîmes sachant que ce n'était pas drôle),
Dès le premier instant...
Tu savais qu'après moi croupirait, dans sa geôle,
Cette part de ton cœur que jamais plus n'enjôle
Un homme même pur, même le bien venu.
Tu savais que j'allais poser sur ton épaule
La main qui nous enchaîne à l'archange déchu...
Dès le premier instant...

X

Souviens-toi des premiers mots
Que je t'ai dits à l'oreille
Ô toi ma presque pareille !
Sous le signe des Gémeaux...
Nous étions deux animaux
Nus à l'ombre d'une treille...
Souviens-toi des premiers mots
Que je t'ai dits à l'oreille...
Délivrés de tous les maux,
Lancés, comme on appareille,
Souviens-toi des premiers mots
Que je t'ai dits à l'oreille...

XI

Les mots de ce diable heureux
Que j'incarnais à la scène ;
Les premiers de cette scène
Où nous tombions amoureux...
Les mots de ce monstre affreux,
De ce séducteur obscène,
Les mots de ce diable heureux
Que j'incarnais à la scène !
Ces mots de prince fiévreux
A qui le destin assène
Un coup de foudre, et qui saigne !
Ces mots d'ange dangereux !
Les mots de ce diable heureux...

XII

Souviens-toi nous étions deux !
Seuls au monde et seuls en scène ! Scène III de l'acte II
Écoute et ferme les yeux…
Moteur… Action !
« D'où me vient, la belle, une rencontre si agréable ?
Quoi ! Dans ces lieux champêtres, parmi ces arbres et
Ces rochers, on trouve des personnes faites comme vous êtes !… »

D'où me vient, jeune beauté,
Cette agréable rencontre ?
Qui fait que je vous rencontre
Dans ce passage écarté ?
Quoi ! Dans ce lieu déserté,
Vous n'allez à mon encontre !
D'où me vient, jeune beauté,
Cette agréable rencontre ?
Sous ces coteaux, à côté
De ce bois sombre, et tout contre
Ce rocher de Malencontre
Par vous pourtant fréquenté,
D'où me vient, jeune beauté
Cette agréable rencontre ?

XIV

A Parte

En vers, en prose comment voulais-tu
Que ces mots-là n'embrasent point ta vie ?
Et que ton âme ne fût point ravie
Par leur pouvoir foudroyant l'impromptu ?

Ô mots d'amour ! C'est là votre vertu !
Qu'importe si votre discours dévie
En vers, en prose...
Car on se rend sans avoir combattu
A la raison par le cœur asservie,
Quand le besoin se maquille en envie ;
Quand le désir son voile a revêtu !
En vers, en prose...

Deuxième Partie

XIX

J'entendis tes premiers cris
Le soir de notre dernière...
Tu fus ma prisonnière
Sur notre scène à Paris...
Là, toute la nuit je pris
Ton âme à même la pierre !
J'entendis tes premiers cris
Le soir de notre dernière.
Faisant ma gentilhommière,
De ce théâtre aux murs gris,
Découvrant dans sa lumière
L'ardeur de ton corps épris,
J'entendis tes premiers cris.

Au son de tes cris repris
Par le chant de nos ivresses,
Tu dansais sous mes caresses
Nue au milieu des esprits !
Tous ces instants d'allégresse,
En moi resteront inscrits
Au son de tes cris...
Un jour si tu les proscris,
De ta carte des tendresses
Reçois comme leurs adresses
Ces vers où je les décris
Au son de tes cris...

FLASH-BACK

Mon serpent, dans ton ventre, a craché son venin !
Tu le prends dans ta gorge afin qu'il crache encore !
Et ta langue devient le serpent féminin
Qui rampe en Salomé, qui danse en Terpsichore !

Et les anneaux vibrants de mon sexe reptile,
Attisés par ta faim, se gonflent sous tes dents
De cette sève d'homme à l'essence subtile,
Et dont tu bois, en flamme, les charbons ardents...

Plus mon serpent se cabre et plus tu le dévores !
Et tout ton corps se cambre pour mieux se gorger
De ce miel de ma chair que tes mains carnivores
Aux démons de ta bouche offriront à manger...

Puis mon serpent se creuse un nid dans ta cambrure
Ouvrant, jouxte ta vulve, une autre déchirure...

Silence après l'orage ! Ô moment qu'il faut taire !
Ô femme après l'amour et qui m'a tout donné !
Part qui gît dans ma chair d'un monde abandonné !
Havre d'un plaisir mort s'endormant solitaire...
Instant qui s'éternise à peine terminé !
Entre nous tout est ciel ! Tout est Dieu sur la terre !

Regards d'éternité ! Mystères sans mystère !
Espaces infinis ! Tout est illuminé !
  Silence...
Noir bleuté du sommeil lorsqu'il vient de Cythère !
Ô, respirant mon ventre, Ô tes flancs de panthère !
Il y a cet Archange en nous désincarné
Rêvant au corps auquel Dieu l'avait destiné...
  Silence...

Envoi

Mon Dieu ! Que tu fus douce et tendre, cher agneau !
A dévorer d'amour près de cette onde pure
Où je t'ai prise au piège, innocente victime,
Abusant de la force de tes sentiments...

Mon Dieu ! Que tu fus belle à regarder jouir !
Livrer tous tes secrets en toute confiance !
Sans pudeur, sans prudence, en toute certitude,
Abreuvant mon désir de ta naïveté...

Mon Dieu ! Que de plaisir à voler ta tendresse !
A piller ta beauté ! A te prendre ton âme !
A dévaster ton cœur ! A m'emparer de toi !

A te donner enfin le meilleur de moi-même
Pour qu'après notre histoire, en le changeant en pire,
Haïssant ton amour, tu délivres le mien...

Ne vois-tu pas ce jour où tes yeux s'ouvriront
Et ne me voyant plus penseront être aveugles
Au bout de chaque nuit se lever un peu plus,
Et faire de chaque aube un de nos crépuscules ?

Ne vois-tu pas mon cœur s'éloigner de ton corps
Un peu plus chaque fois qu'il goûte à tes mystères ?
Et ne vois-tu donc point qu'en perçant tes secrets
Je t'aime un peu moins fort chaque fois que je t'aime ?

Ne vois-tu pas ce jour où tu devras tuer
Nos plus beaux souvenirs, pour ne pas qu'ils s'endeuillent,
A pas lents, de ton rêve, approcher comme un chat ?
Ne sens-tu pas l'absence envahir ma présence ?

Et, lorsque tu te crois toujours plus près de moi,
Ne sais-tu pas qu'ici je ne suis jamais là ?

Regarde-moi partir, je suis déjà si loin,
Sur un bateau d'amour vibrant et magnifique,
Cap sur d'autres tropiques, cherchant d'autres femmes
Dont je puisse mourir à nouveau du Cancer...

D'autres mers d'autres cieux d'autres yeux d'autres corps
D'autres reins d'autres peaux d'autres seins d'autres ventres
Tant de fois j'ai couru l'amoureuse tourmente !
Et si loin, près de toi, que tu ne le sais pas...

Et si je te regarde te perdre en silence
Dans cette illusion dont tu berces tes rêves,
Si je te laisse accroire que je t'appartiens,

C'est pour emplir à fond mes soutes et mes cales
De l'âme qu'après moi tu ne livreras plus :
Du meilleur de la femme, et que je nomme Elvire...

Il viendra l'homme sûr : celui qui ne part pas ;
L'homme fidèle et pur ; il viendra l'homme sage ;
Le coq venant après les oiseaux de passage ;
Il viendra s'attacher à l'ombre de tes pas...

Colombe faite poule, alors, tu lui pondras
Des œufs, pleins de poussins conçus à votre image !
Il viendra l'homme sûr...
Et moi, riche à jamais de tes plus beaux appas,
Libre, je volerai de corsage en corsage...
Et toi, troquant tes ailes pour l'or d'une cage,
Feignant de m'oublier, tu ne le pourras pas...
Il viendra l'homme sûr.

Dans tes rêves de fille, éternel revenant,
Je serai cet émoi qui dira : « C'était moi…
C'était moi ce frisson ! C'était moi cet émoi ! »
Qui te dira tout bas : « Je suis là maintenant… »

Et tu m'appelleras au secours en dormant !
Et je reviendrai faire l'amour avec toi
Dans tes rêves de fille…
Et notre passion revivra le présent !
Le temps du souvenir ! Le temps de toi et moi…
Dans tes rêves de fille, à jamais hors la loi,
Je serai cet émoi qui se dit : « Dom Juan »…
Dans tes rêves de fille…

Tu nieras tout ! Ta fièvre sous mes mains !
Ton corps cherchant son âme dans la mienne !
Ainsi se sépareront nos chemins...
Quand je suivrai ma route bohémienne,
Tu nieras tout ! Ta fièvre sous mes mains !
Ton corps cherchant son âme dans la mienne !
Notre avenir sera sans lendemains...
Tu nieras tout ! Ta fièvre sous mes mains !
Ton corps cherchant son âme dans la mienne !
Ainsi se sépareront nos chemins...

XXXIV

Et ne dis pas fontaine... En buvant de son eau,
Tu connaîtras le fiel de celle que l'on goûte ;
Et comme un air de rien, de ton cœur d'étourneau,
Le sang d'un chant d'oubli coulera goutte à goutte...

Et ne dis pas je t'aime en te passant l'anneau
Que je ne t'offre pas (même au prix qu'il te coûte)
Pour un jour le jeter en graine à ce moineau
Qui sifflera ma mort sans que nul ne l'écoute...
Et ne dis pas fontaine !
En scrutant l'horizon, par-dessus le coteau,
Ne jure pas toujours, quelle que soit sa route,
De guetter, sur la mer, les voiles du bateau
Qui pousse loin du port les amours en déroute...
Pour d'autres s'ouvriront les portes du château ;
Et ne dis pas fontaine...

XXXV

FIN DU FILM

Au fond de moi navigue un je t'aime au long cours
Qui se perd dans la chair comme dans les étoiles !
Et, sans faire d'escale, il explore les âmes,
Et l'amour, et la femme, en abordant les cœurs...

Il dévore les mers et va, de corps en corps,
Déterrer les trésors que l'être aimé recèle !
Et quand il a privé l'île de ses richesses,
Il repart vers une autre encore à découvrir...

Ce je t'aime au long cours qui, sans retour, voyage,
Et tourne autour d'un rêve jusqu'à l'accoster,
Sur l'océan d'une autre un jour prendra le large...

Ô je le sens partir déjà pour l'horizon,
De tes plus beaux atours, ayant gorgé ses soutes,
Pour trouver d'autres terres vierges à fouler...

Mot d'Adieu

Ce bateau qui s'en va...
Qui fend l'air et la houle...
Qui se perd dans l'écume,
Et s'éloigne de tout !

Et s'éloigne de toi !
Ce temps d'eau qui s'écoule !...
Ce souffle qui te hume
Et te répand partout !

Qui te perd ! Qui te prend !
Qui t'apprend la détresse !
Cet appel de nova !

Ce soleil transparent !
Ce bateau plein d'ivresse,
Et qui s'en va ! C'est moi...

ELVIRE

Ier tableau

Tel un bateau hanté, mon âme chavire

ELVIRE,
MON AME CHAVIRE;
AMIRAL DE BAZAR
JE NAVIGUE AU HASARD
SUR LA MER EMERAUDE
OU MON AMOUR QUI RODE
TEL UN BATEAU HANTE
TENTE EN VAIN DE TROUVER CE RIVAGE ENCHANTE
OU J'ECHOUERAI, POUR NE PLUS JAMAIS TE QUITTER,
ELVIRE, SUR MON NAVIRE IVRE, J'ARRIVE;
RETROUVONS-NOUS SUR L'AUTRE RIVE.

DANS LES PORTS DES OCEANS TERNES,
LES PHARES DORMENT AVEC LES LANTERNES,
ET D'UN ALCOOL DONT LES LAMPES NE VEULENT PLUS,
MON VENTRE, MA COQUE, EVIDENT LEURS SURPLUS
ET FENDENT A LOISIR
SOMBRANT IMPUISSANTES,
O NAVES FINISSANTES,
LES RIDES DU PLAISIR,,,
DESIR ! VAISSEAU COULANT DANS "L'ARDENT ENTONNOIR"
Où l'ange brun du soir, l'ange blond du matin,
Versent en fin du jour toujours plus sombre,
Cette nuit éternelle, où dans la pénombre,
Marin de tant d'épaves, ombre du destin,
Je me noie dans les regards des dieux:
Les étoiles, infinités d'ostensoirs,
Où brillent, les feux de tes yeux,
Et, qui brûlent, tous les soirs,
Au"vent mauvais"de l'adultère,
Les arbres du fruit défendu:
Ces forêts:.du Mystère
Où tu m'as perdu
DANS LE NOIR
L
V
I
R
E
MON AME CHAVIRE;
AMIRAL DE BAZAR
JE NAVIGUE AU HASARD
SUR LA MER EMERAUDE
OU MON AMOUR QUI RODE
TEL UN BATEAU HANTE
TENTE EN VAIN DE TROUVER CE RIVAGE ENCHANTE
OU J'ECHOUERAI, POUR NE PLUS JAMAIS TE QUITTER,
ELVIRE, SUR MON NAVIRE IVRE, J'ARRIVE;
RETROUVONS-NOUS SUR L'AUTRE RIVE.

IIe tableau

Le temple d'amor

Je viens à toi, vibrante Elvire !
D'ombre et de bord mon âme vire !
Devant mon corps vide et gluant !
Je jure !!!! cadavre puant,
Volatil !!!! et tonitruant,
Jusque dans l'au-delà muant,
D'aigle royal en chat-huant,
Mort et vif ivre, saluant,
De demeurer ton Dom Juan.
ELVIRE CACHE-MOI TOI QUI M'AS ENVOUTE,
QU'ENTRE LE CHIEN, LE LOUP, TA CHASTE VOLUPTE,
NOUS APPRENNE A HURLER, AH! L'AMOUR, A LA MORT,
JE SENS, QUE TU TE MORDS, JE SENS, QUE TU AS FAIM,
QUE, LES PRETRES, VIVANTS, DANS LE TEMPLE "D'AMOR",
FACE AUX DEMONS DES MONDES, NOUS MARIENT SANS FIN ,

ELVIRE,
MON AME CHAVIRE;
AMIRAL DE BAZAR
JE NAVIGUE AU HASARD
SUR LA MER EMERAUDE
OU MON AMOUR QUI RODE
TEL UN BATEAU HANTE
TENTE EN VAIN DE TROUVER CE RIVAGE ENCHANTE
OU J'ECHOUERAI POUR NE PLUS JAMAIS TE QUITTER,
ELVIRE, SUR MON NAVIRE IVRE, J'ARRIVE;
RETROUVONS-NOUS SUR L'AUTRE RIVE.

IIIe tableau

Tel un oiseau

L E
A R
C
S A
U S
R
S
T P
O R
N O
C
Nacré
De sortilège,
Apprentie-sorcière,
Accorde moi le privilège
De toujours me laisser aller,
Pour mieux me faire ensorceler
Seul, comme dans une "souricière", épris, rat pris dedans ta "chatte nourricière"
Où je veux à jamais pour poser les scellés, immortelle passante,
Vénus sortant du temps comme des eaux d'un marécage,
Face à la présence oppressante du chat,
Tel un oiseau perclus dans une cage,
Noyer ma peur dans le crachat
D'une agonie incessante
Et sans rachat
Possible
I E L
N B
A I
C C E S S
L
V
I
R
E

MON AME CHAVIRE;
AMIRAL DE BAZAR
JE NAVIGUE AU HASARD
SUR LA MER EMERAUDE
OU MON AMOUR QUI RODE
TEL UN BATEAU HANTE
TENTE EN VAIN DE TROUVER CE RIVAGE ENCHANTE
OU J'ECHOUERAI POUR NE PLUS JAMAIS TE QUITTER,
ELVIRE, SUR MON NAVIRE IVRE, J'ARRIVE;
RETROUVONS-NOUS SUR L'AUTRE RIVE.

IVe tableau

Pour les images que je crée,
le plus sûr des refuges

Elvire toi ma force centrifuge,
Toi mon unique et cher transfuge,
O toi qui connais tous mes subterfuges,
Comme un rayon de lune, invisible et discret,
Pour les images que je crée, tu es le plus sûr des refuges;
Toi qui changes le marbre en craie. A mes heures perdues, aux portes du silence,
Dans l'alchimie de nous, et de la pestilence,
Elvire toi qui fais de l'abstrait du concret,
Ne change pas en bien souffrance et patience,
Ni le plaisir en mal   le désir en science
Délivre nous du ciel   et garde mon secret.

ELVIRE,
MON AME CHAVIRE;
AMIRAL DE BAZAR
JE NAVIGUE AU HASARD
SUR LA MER EMERAUDE
OU MON AMOUR QUI RODE
TEL UN BATEAU HANTE
TENTE EN VAIN DE TROUVER CE RIVAGE ENCHANTE
OU J'ECHOUERAI POUR NE PLUS JAMAIS TE QUITTER,
ELVIRE, SUR MON NAVIRE IVRE, J'ARRIVE;
RETROUVONS-NOUS SUR L'AUTRE RIVE.

Table des Matières et Incipit

Prologue

A celle que je nomme S. Air

A parte

Ô Jason ! Ô bateau ! Je suis un argonaute ! Deux jours j'ai mariné, comme disent les marins... Deux jours et deux nuits à gerber tripes et boyaux sur le filet de mon catamaran, pendant que mes amis Thierry et Laurent skippent ma double coquille de noix en partance pour La Rochelle. Deux jours et deux nuits que nous avons quitté Newport et que je ne sers à rien qu'à nourrir les poissons avec mes réserves de bile plus ou moins fraîche. Du poison pour poisson... Je crois que je vais mourir. Je ne savais pas qu'on pouvait vomir autant et aussi longtemps. J'ai fini par m'endormir ou par tomber dans les pommes, je ne saurai jamais. Ils m'ont casé dans le mètre cube habitable de la coque, bâbord [1], et voilà, dodo l'enfant d'eau...

C'est Loïc Peyron qui m'a vendu ce vieux kattumaram. Je l'ai acheté pour que Thierry Caroni puisse partir sur la C Star [2]. Rupture du galhauban droit au large d'Halifax ; je pars avec un galhauban tout neuf, et Laurent Josse pour réparer les dégâts. Thierry finit la course dans les derniers mais il finit. Arrivée de nuit dans Newport déserté par les journalistes. Les derniers d'une course au large, ça n'intéresse personne. Pour qu'un skipper fasse parler de son bateau, il faut qu'il gagne ou qu'il coule... Le temps de rafistoler le canote, à charge pour nous de le ramener en France. Pas question pour moi de prendre l'avion tout seul, je pars avec eux. Je ne reste plus à terre : où mon bateau va, je veux aller. Je veux savoir pourquoi Platon disait : « Il y a trois sortes d'humains, les vivants, les morts et ceux qui vont sur l'eau. » Une première fois déjà, en été 86 lorsque Thierry m'avait invité à vivre en mer avec lui quelques étapes de la course de l'Europe, j'avais commencé l'aventure à vingt-sept nœuds, juste après la régate de départ. Vingt-sept nœuds sur un bateau à voiles, c'est-à-dire un peu plus de cinquante kilomètres heure, au ras des flots, presque debout sur les vagues... Ce jour-là j'avais fini assommé par les éclats de lames, à fond de cabine, mais je m'étais réveillé le lendemain frais comme un gardon ; pas malade pour un sou. Les cinq jours d'étape suivants furent comme une visite guidée de toutes les sortes de temps et d'actions sur la mer : formation accélérée, sans souffrance, d'un spectateur privilégié. En arrivant à Villamora, je m'étais mis au fait des principaux rudiments

1. Dans mon catamaran seules les coques sont habitables.
2. Transat en solitaire.

de ce style de navigation, non sans avoir goûté à presque tout ce que l'on peut trouver d'exaltant ou de désespérant dans ce genre d'équipée ; de la glisse sur une eau lisse au surplace par absence de vent. Cinq jours en mer, puis trois avec étape ; j'étais envoûté, je commençais à ressentir, avec l'innocence d'un nouveau-né, cette urgence que les skippers ont de toujours naviguer.

Je n'avais pas encore subi le show-business de la course au large dans toute son horreur. Je n'avais même pas vu les logos sur les voiles. Je n'avais pas encore eu le mal de mer. Bref je devenais marin comme on devient enfant. Je voulais être utile et je me familiarisais avec les gestes, la technique du skipper et son vocabulaire. Je devenais moi-même apprenti équipier avec zèle et persévérance. Passé le cap traditionnel où l'on enseigne au mousse à faire un nœud de chaise, j'apprenais à nommer bout (en prononçant le t) les éléments de cordage ; écoutes les bouts servant à la manœuvre, et drisses les bouts servant à hisser les voiles. J'apprenais que les voiles de l'avant du bateau se nomment foc et qu'à l'instar de la grand-voile les focs disposaient de drisses et d'écoutes. J'apprenais que plus le vent est fort plus la surface de toile doit être plate ; que pour obtenir cet effet le marin doit alors tirer sur l'écoute pour aplanir la voile, c'est-à-dire border ; qu'en revanche, lorsque le vent faiblit, la voile doit être souple et ronde et que le marin doit choquer, c'est-à-dire donner du mou sur le bout pour que les voiles gonflent. J'apprenais que cette immense toile ventriculaire lovant les bateaux sous le vent s'appelle un spi ; que ramener à soi ce spi c'est l'affaler ; que diminuer la surface de voile c'est prendre un ris. J'apprenais à empanner : changer l'axe de la baume qui fait l'angle avec le mât, lorsque le vent tourne ; wincher, se servir du winch, pour enrouler les bouts à la manivelle ; et surtout à barrer (pour moi le bonheur suprême) ; à quitter l'axe du vent jusqu'à ce qu'il vienne de l'arrière, c'est-à-dire abattre ; ou bien à me rapprocher de l'axe du vent pour épouser son souffle, c'est-à-dire lofer ; border pour lofer, choquer pour abattre, border pour lofer, choquer pour abattre, border pour lofer, choquer pour abattre, apprendre les mots, apprendre les gestes, apprendre, apprendre, apprendre, apprendre tout cela et d'autres choses encore, plus étranges et que l'on n'appréhende qu'en vivant sur l'eau, je veux dire la mer et l'alphabet du vent.

Et puis ce moment de musique invisible où l'on quitte le port et qui vous prend le corps. Où l'on se sent des airs de flibustier malouin, que j'aime et qui se vit lorsqu'on lâche la toile en larguant les amarres. Il y a ceux qui tirent sur la drisse pour hisser la grand-voile et ceux qui, derrière eux, récupèrent le mou à deux mains vite vite vite vite : ceux-là on dit qu'ils embRaquent. L'R se déplace dans le mot comme l'air soudain dans l'espace ; ils s'embaRquent alors les marins, et, même à trois sur un bateau, lorsque vibre ce moment-là on se sent tout un équipage. Et puis, passé ce lent vertige où l'œil nous vient de l'air du large, il y a tout ce qui nous reste à l'instant où le vide survient : la joie, l'angoisse ou l'habitude, pour moi ce fut le mal au foie.

Et me voilà quittant Newport, la tête dans les chiottes de Neptune. Oh ! personne ne se moquait de moi, ni Thierry, ni Laurent ; ils disaient : « Ça arrive à tout le monde, même à nous. » C'est vrai, Moussy m'avait dit ça lui aussi un soir à Newport. Il paraît que pour tous les marins du monde ça fait partie des accidents de parcours. Ô mon Dieu, comme j'aurais voulu être dans mon Jumbo jet en 1re classe à manger du caviar et du foie gras en regardant un film américain avec une bonne coupe de champ'. La bile ça a vraiment un goût dégueulasse. Pétition des poissons : « Chiez-nous plutôt de la merde, au moins il y a des morceaux de bouffe dedans », bref un désastre. Mais, putain de Dieu, qu'est-ce que je fous là ! Et ma mère qui croit que je fais une croisière de plaisance !

Ô Jason ! Ô bateau ! A ce point-là le mal de mer ressemble à une lente agonie ; quelque chose comme une cirrhose chronique ; les maux de Prométhée se faisant dévorer par un bec. Ou je meurs, ou je deviens le mât, les voiles de mon bateau, son étrave ; ou je meurs ou je deviens la mer. Ô Dieu des océans, accueille-moi parmi les tiens, adombre-moi ! Constitue-moi ! Donne-moi cette part de ton âme que donne à ses enfants l'œil-Dieu des quatre vents...

Réveil en sursaut, réveil de nuit, je ne veux pas sortir de la coque, je suis trempé ! Me rendormir vite pour ne plus sentir ce froid humide imprégnant ma combinaison ! Je n'ai plus mal au ventre, je me sens bien, comme apaisé. Je ne vois rien ; je sens la nuit par l'absence de lumière ; j'entends l'eau marteler la coque ; une sorte d'armée de mains frappant pour qu'on leur ouvre. Esprits frappeurs ! Âmes des marins morts cherchant à s'évader du cœur de l'océan ! Qui frappe ma coque ?

La voix lointaine de Thierry qui parle avec Laurent ; ils rient ; tout semble aller normalement ; je n'ai plus mal au ventre ; je n'ai plus mal tout court ; je me sens délivré de quelque chose ! Dormir vite... Et puis sommeil...

Ô Jason ! Ô bateau ! Je suis un argonaute ! Ange des profondeurs, je vogue à ma surface, et je cherche ma toison d'or ! Dans ma nuit, le vieil homme est venu me parler. Sa voix me berce. Eldwin, Clochette et toi, mon ami chien, où êtes-vous ? Je suis seul au pays de mes cieux. Et toi, mon frère des nuages ?

Réveil ! Il fait jour ! Le soleil brille, Thierry sourit, Laurent aussi :

— T'as vu le temps qu'il fait ?

Pas un mot sur moi pendant ces deux jours ; sur mon absence des manœuvres et de la vie à bord. Il fait bon, il fait chaud.

— T'as vu ce soleil ? Tiens, Francis, prends la barre.

Thierry va prendre ma place dans la cabine, Laurent se jette sur la grande housse pleine de voiles à gauche du filet ; je devrais dire à bâbord.

Ô Jason ! Ô bateau ! La barre entre mes mains ! Cette impression d'être un OVNI : un objet voguant non identifiable. Je suis le bateau ; je le sens dans mes bras ; dans mon corps ; le vent dans mes veines ! Je sens tout ce qu'il sent, tout ce qu'il est ! Je craque avec lui ; je glisse avec lui ; je m'étire avec lui ; je prends sa forme sur les vagues. Comment décrire cette sensation ! Mon sexe est un tangon ! Mes veines sont des drisses ! Je fends l'écume ! Je suis le vent ! Je suis le ciel ! Je suis le mouvement perpétuel ! Le sillage infini des planètes qui dansent ! Océanaute et mérien : j'habite la houle.

Mon quart fini, Thierry branche le pilote automatique. Le temps ne passe plus. Je suis seul sur le pont. Rien à signaler. La mer est calme. Hôrizon, ô bateau ! « Ô cieux ultra-marins ! » Je dors les yeux ouverts, tout ressemble à mes rêves. J'ai mis mes vêtements à sécher sur un coin du filet. Je suis nu face à Dieu, plus rien ne me protège. Ivre, je parle avec le soleil... Les jours qui suivent se ressemblent ; je ne les compte plus. Les nuits me fascinent davantage que les jours. La mer brille ; et lorsque le ciel cache ses étoiles il semble au marin qu'il vogue dans le ciel ; mais quand la nuit retrouve ses étoiles, les cieux semblent alors un miroir silencieux qui lisse les vagues et fixe leurs lumières. Un soir la mer était si calme qu'elle paraissait un lac, et le ciel si limpide qu'il semblait prolonger l'océan. L'horizon disparaissait dans un clair-obscur de ténèbres, et j'avais soudain l'illusion que mon bateau naviguait verticalement ; c'était du côté de la mer des Sargasses. Le jour, la mer était si pure que l'on voyait, à plus de deux ou trois mètres sous l'eau, des poissons s'ébattre comme mille insectes aquatiques. Anguilles serpentant ; thons de muscle aux faux airs préhistoriques, nageoires effilées comme des lames de rasoir chassant le poisson volant à la vitesse de la lumière. Au moment d'être rattrapés, gobés par le monstre, les poissons ailés s'envolent hors de l'eau puis replongent hors de danger. Le vol dure dix secondes à peine ; quelquefois, en retombant, l'un d'eux s'écrase dans la gueule du thon qui d'un œil a suivi son parcours dans l'espace. Ô ces nuées de poissons volants ! Ce frisson d'argent et de bleu ciel nacré se mêlant aux embruns ! Parfois il en est qui s'échouent sur le filet ! Vite il faut les rendre à l'océan avant que l'air ne les étouffe. Un jour, m'éveillant, j'ouvris les yeux sur l'un de ces infortunés naufragés mort dans la nuit sur mon épaule pendant mon sommeil. Réveillé par le vent je découvris sa présence sans l'avoir même ressentie... Les poissons volants ne sont pas les seuls à voler. Parfois dans l'air, au-dessus des flots, viennent planer quelques dauphins mesurant leurs ailes avec celles des navires ! Régulièrement, les plus joueurs de la meute viennent défier les coques à la course. Avec une insolence enfantine ils s'approchent de l'étrave sans la dépasser. Ils nagent quelques minutes en collant à votre vitesse puis, si vous tentez d'accélérer, ils vous lancent un regard latéral et moqueur, sortant l'œil hors de l'eau, puis, ricanant dans leur bec, ils accélèrent sans prévenir, vous laissant comme sur place. Aussi vite que puisse aller le bateau... La nuit, dans la mer phosphorescente, leur sillage étoilé figure celui des sirènes mythiques. Quelle est cette forme incandescente, cette torpille évanescente dont les particules se désagrègent, se reforment à nouveau, pénètrent la ténèbre, s'envolent et replongent dans le ventre de l'océan noir ?

Un soir à tribord, jouxtant la coque du bateau, plus de phosphorescence. Comme un trou dans la mer, un trou gigantesque et se déplaçant au rythme du bateau ; je regarde autour du trou, la mer scintille. Une odeur de... marée basse semble envahir le pont. Ces effluves nauséabonds font un halo, puis se dissipent ; puis se répandent encore. On dirait comme un pet monstrueux ; oui, un pet de baleine ! Elle souffle ! Aspergeant les alentours ! Me voici mano a mano avec un cétacé solitaire. Mon Dieu, pourvu que ma présence ne l'importune pas ! Vous dire notre conversation...

6/8/1988. Quelque part dans le temps

Les jours passent de quart en quart. En fait je ne croise mes amis qu'aux changements, pour certaines manœuvres et pour manger parfois. Le reste du temps je suis seul et c'est bien. Je ne sais même plus quelle tête est la mienne. Que c'est bon de ne pas se croiser non plus dans un miroir ; de ne plus voir sa gueule...

Voyager sur la mer, c'est voyager dans le temps mais pas dans l'espace. Les changements de mer, les changements de ciel ne sont pas des changements d'espace, même pas des changements de décor. C'est la mer, le ciel et les nuages, les étoiles et le plancton phosphorescent, le même soleil et les mêmes poissons ; c'est la même chambre immense, infinie, dont on changerait seulement les meubles de place. Aujourd'hui je vais enlever les nuages. Demain, je les mettrai là... Pourtant le temps non plus ne passe pas, c'est moi qui le traverse avec mon bateau. Je voyage dans le temps, à l'intérieur du même espace. D'ailleurs, il n'est jamais la même heure à la même heure chaque jour.

Carnet de bord de Jason l'argonaute coefficient espace-temps, Simbad ascendant Ulysse.

7/8/1988. Vers 18 heures

« Maman les p'tits bateaux qui vont sur l'eau ont-ils des jambes ? Mais oui mon gros bêta s'ils n'en avaient pas ils n'avanceraient pas. » J'ai deux âmes à mes jambes et deux coques à mon âme. Tout prend un sens, même les mots des comptines.

8/8/1988. A l'aube

Je me suis débrouillé pour que l'un de mes quarts soit toujours celui qui coïncide avec le lever du jour. Quel enchantement ! Au-dessus de l'horizon d'abord, l'azur noir devient gris puis bleuté ; puis blanc ciel. Un palpitement de clarté fait une aura comme au milieu du lointain. Puis une lueur orange apparaît, découpant un croissant de feu. Le flamboiement s'accélère et dessine un disque lumineux dans le ciel en chaleur. A vue d'œil le disque s'élève en moins de temps qu'il n'en faut pour le voir et s'immobilise au plus haut des cieux. Hosanna ! Que cela est beau !

A Alzetta

Ô blancheur diurne effaçant le ciel noir !
    Ô lever d'espace courant dans ce vague !
    Miroir de la brise dans l'air qui divague !
    Aube ultra-marine d'ardent entonnoir !
Regard arpentant le divin promenoir...
    Seul œil projetant dans le corps de la vague
    Les reflets changeants de sa flamme qui vague
    Avant d'émerger du nocturne éteignoir !
Tel un cerf-volant s'élève au gré du vent
    Dont il est comme un passager clandestin,
    De l'âtre azurin, le feu secret s'envole...
C'est l'heure où la lune rentre en son couvent
    Pour ne pas voir nu l'Apollon du matin
    Lancer l'or du jour comme un Dieu discobole !

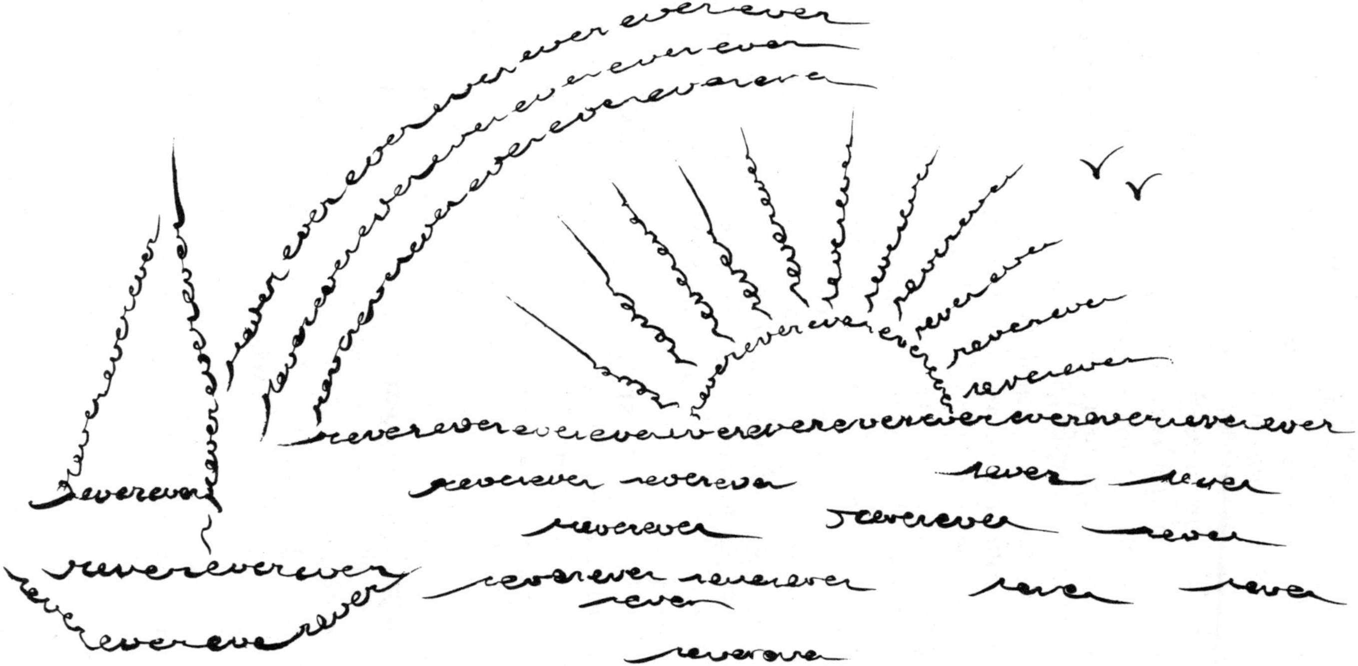

Chaque jour c'est le même spectacle, mais aujourd'hui le soleil qui se lève est différent des autres : il a l'air de sourire. Je sens cet arbre en moi qui pousse au rythme de l'aurore et qui cesse d'être hydre. Un sentiment de bien-être absolu ; d'avoir enfin trouvé ma place dans cet univers. Quitte à me brûler les yeux, je regarde le soleil dans les siens comme chaque matin jusqu'à la fin de sa course. Il ouvre ses paupières de ciel en fusion, ses deux iris deviennent un seul au milieu de son front ardent. Son œil, son œil me parle, il faut que je lise sur sa paupière comme on lit sur les lèvres : « Bon-jour » c'est ça bonjour, « Fran-cis » bonjour Francis, « au-jourd'hui – tu – as – trente – ans. » C'est vrai ! J'avais oublié ! Le jour se lève et j'ai trente ans...

Trente ans, ça veut dire que je n'ai plus vingt ans « et le monde à prendre » ; ça veut dire que je l'ai pris, et qu'il m'a pardonné puisque je suis toujours vivant. Je revois tout comme si j'allais mourir, la terre qui tourne sur ma télé en noir et blanc ; l'ORTF ; Thierry la Fronde ; Pimprenelle et Nicolas ; Bonne nuit les petits ; Nounours ; le marchand de sable qui passe ; Pollux et Zébulon ; Joe et les abeilles ; la piste aux étoiles et le clin d'œil du chef d'orchestre : « mi sol mi, sol la si do, mi, la, sol ! », « le sceptre d'Ottokar », « l'homme à l'oreille cassée », Zorro ! et Rocambole ! Ivanhoé ! « au cœur du temps ! » Ça y est on a marché sur la lune ! « Maman c'est vrai qu'on meurt un jour ? » Au secours ! Le lycée ! La connerie humaine ! Je suis con, maman, tu sais pourquoi ? Parce que je pense ! J'ai mal, maman ! Je ne veux pas grandir ! Je veux rester petit devant ma télé noir et blanc ! Avec mes livres et mes amis ! Maman ! Ney est mort ! C'est le vétérinaire qui l'a écrasé ! Il a fait trois fois le tour de la maison et puis il est allé mourir dans sa niche ! Enlevez-moi ces poils qui me poussent partout ! Cette fille qui s'est moquée de moi... Je veux être acteur ! Le conservatoire ! Apprendre ! Apprendre ! Travailler ! Jouer ! Tout se bouscule, mes premiers prix d'acteur ; Paris, la Sorbonne, écrire ! Écrire encore ! Je suis poète ! Je ne serai pas professeur. Faire la manche, les métros, les restos, les flics, la dope, la solitude, je veux chanter pour gueuler ; pour mordre chaque instant comme des mains sculptées par Chemiakin ! Enlevez-moi cette barbe qu'il faut raser tous les matins ! Baiser les filles pour oublier ! Baiser les filles ! Baiser les filles ! Chanter le rock pour dégorger ma rage et ne pas devenir dangereux pour les autres ! Je veux les voir comme ils sont dans leur cœur, pas comme ils sont dans la rue. Ils sont si beaux dans les théâtres ! Tourner ! Tourner ! Tourner ! Chanter ! Chanter ! Chanter ! Je revois tout ; tous les concerts ; tous les délires ; la foule qui danse comme la houle, houle, foule, h comme homme, f comme femme ! A présent je le sais, j'ai besoin de la mer : c'est la foule faite homme... La foule est ma mère et la houle mon père : aujourd'hui j'ai trente ans, mon âme n'est plus orpheline. Merci, dieu soleil, de t'être levé ce matin et de t'être souvenu de mon anniversaire. Aujourd'hui, pour la première fois de ma vie, je me sens vraiment seul et vraiment heureux...

8/8/1988. Entre 8 et 9 heures

La toison d'or est là, je la vois devant moi. C'est le soleil qui se lève au jour de mes trente ans. Je la touche des yeux ! Je m'en revêts en rêve. Le but de mon voyage est atteint : trouver la toison d'or.

A l'heure où j'écris ces mots, j'entends pour la première fois le sens de ce quatrain d'Arthur Rimbaud :

« Elle est retrouvée / Quoi ? L'éternité, / C'est la mer allée / avec le soleil »... « mêlée au soleil » sur un air de Mozart sol, sol, sol la sol, fa mi fa mi ré do... Aujourd'hui j'ai trente ans et je suis seul à la barre de mon bateau. Aujourd'hui le soleil s'est levé sur la mer et j'ai retrouvé mon Éternité perdue. Comment cela s'est-il fait, je ne sais pas, le soleil s'est levé, j'ai revu toute ma vie et je ne suis pas mort. J'ai franchi comme une porte spatio-temporelle et j'ai vu « la mer allée avec le soleil » avec le cœur de Rimbaud en 1872, celui de Mozart en 1782 lorsqu'il écrivait la symphonie Haffner. Tout s'est mélangé. Retour de l'émeraude au front de Lucifer. J'ai vu l'Éternité avec mes yeux à moi. J'ai senti le troisième s'ouvrir. Il y a mille façons de lire un poème ; c'est ainsi aujourd'hui que j'ai lu celui-ci : l'Éternité c'est la toison d'or prisonnière de la fausse réalité, « des humains suffrages / Des communs élans » dont parle Rimbaud, captive comme le soleil de l'horizon nocturne. Puis le jour se lève, la nuit s'ouvre, un nouveau ciel « s'exhale / Sans qu'on dise enfin » soleil « tu te dégages », tu te « mêles » à la mer ! Cet instant qui s'éveille : c'est l'Éternité qui t'appelle... La ressentir, c'est la retrouver. La retrouver, c'est faire de chaque instant une renaissance et de la mort une porte qui s'ouvre sur un matin clair et calme. Comment te dire, « Âme sentinelle » ! Ô mon ange positif et qui veille sur moi ! Que je ne doute plus à présent de la vie ; que je sais à présent que rien ne meurt jamais ; que même l'existence ne me blesse plus ; que je suis ; points de suspension ; et qu'il n'y a point de suspension à cette sensation d'être sans épithète, d'être sans attributs...

« Levez-vous, Orages désirés qui devez emporter » Francis « vers les espaces d'une autre vie ! » Et toi, Neptune, lève ton trident ! Fais retomber sur moi ta haine de l'Ulysse, du Simbad que je suis ! Déchaîne sur moi tes tempêtes ! Fais déferler sur mon vaisseau tes armées de tritons, tes cohortes de sirènes ! Je n'ai plus mal à rien, je n'ai plus peur de rien, la mort me semble une virgule et je vole, soleil ! comme « tu voles » : «selon »...

J'ai dans le cœur une boussole qui me ramènera toujours à ce jour, à cet instant sans fin, quoi qu'il arrive, même si mon mauvais démon tente encore de m'en éloigner ; même s'il y parvient ; je retrouverai toujours l'Éternité sur mon chemin... Toison d'or ! « quelqu'une des voix toujours angélique (...) vertement s'explique » : il s'agit de nous.

13/8/1988. Dans la nuit... blanche

Et toi, fille verte ! Mon spleen...

Léo Ferré

J'ai entendu le chant des sirènes « ivresse et folie »... Dans la nuit noire, je guette les cargos à la barre de mon voilier. Un nuage immense recouvre le ciel, me coupant des étoiles et de leur mère la lune. Peu de vent pas de vagues. La mer est comme un lac. Mon bateau comme une île avance à un nœud... deux nœuds peut-être... rien dans son sillage. Pas de trace d'écume ou de plancton scintillant. Même Thierry ne ronfle pas. Laurent repose dans la coque tribord. Tout est calme et tout dort. Un bruit vient à bâbord. Non ce n'est pas un bruit. Cela semble une plainte ; une litanie sourde qui vient de la mer. Elle envahit l'espace ; d'où vient-elle ? Je ne sais pas. Comment la décrire ? Imaginez l'océan comme une gigantesque caisse de résonance. Imaginez les cris des mondes engloutis depuis la nuit des temps, mêlés et distillés par cette masse immense, et, comme un coquillage conserve le chant de la mer, imaginez la mer devenir chanson et votre oreille alors devenir coquillage... C'est comme un appel du ventre maternel ; un signal placentaire et qui vous dirait : « Viens ! A quoi t'accroches-tu, à qui ? Pourquoi rester là ? Viens te rejoindre enfin ! Redevenir en nous ces 90 % de toi-même et qui forment avec ton corps l'illusion d'une vie. » Cela vient quand on a soif et qu'il a fait très chaud ; que le soleil a tapé fort, qu'on lutte contre le sommeil. Cela vient avec un besoin d'infinie fraîcheur ; celui de se laver de notre propre chair ; car la chair est en trop lorsqu'on va sur la mer. On se dit : « Rien qu'une fois ! Me plonger dans moi-même et nager dans le sel de mon âme ! » Ô Jason ! Ô Simbad ! Et toi mon frère Ulysse ! Attendez-moi ! Je vous rejoins ! Ce soir, nous souperons aux côtés de Neptune ! Et cette complainte qui surgit des flots ! Ce chant de l'eau de là... ce charme de la soif... « comédie de l'esprit »... Ce dialogue avec la mer et ces vers nés de Rimbaud.

Arthur

Éternelles Ondines
Divisez l'eau fine.
Vénus, sœur de l'azur,
Émeus le flot pur.
Juifs errants de Norvège
Dites-moi la neige.
Anciens exilés chers,
Dites-moi la mer.

Moi

Non, plus ces boissons pures,
Ces fleurs d'eau pour verres ;
Légendes ni figures
Ne me désaltèrent ;

Chansonniers, ta filleule
C'est ma soif si folle
Hydre intime sans gueules
Qui mine et désole.

Les sirènes
Venez beaux marins
faire l'amour des anges...
ici point de chair tristes,
il n'y a plus chair...
Venez vous délivrer
de votre pesanteur...
Vos os sont des couteaux
plantés dans votre corps.
Ils vous meurtrissent...
Ils vous attachent
Ces os douloureux !
que sont les os dans les eaux ?
En les rongeant
nous vous éviderons
de ce qui vous fait mal...
Venez... Venez à nous...

Arthur
L'eau claire ; comme le sel des larmes d'enfance,
L'assaut au soleil des blancheurs des corps de femmes ;

Les sirènes
Notre corps est l'orgasme...
il est le ventre des femmes...
celui de la mort...
celui de l'amour...

Moi
Un homme à la mer
est un homme à la mort.
aussi lent que soit mon bateau,
si je tombe
je ne le rattraperai pas !

Les sirènes
Pourquoi le rattraper ?

Arthur
Qu'est-ce pour mon cœur que les nappes de sang ?

Moi
Je ne veux plus vivre noyé !
Mourir de vie en vie...

Les sirènes
Toi qui connais l'éternité
tu parles de mourir !

Arthur
J'aime autant, mieux, même,
Pourrir dans l'étang,
Sous l'affreuse crème,
Près des bois flottants.

Moi
Votre eau me semble sale
de sang, de la chair
dont vous vous repaissez !
De ma chair de mon sang !
je ne veux pas les boire !
mais je veux être bu...

Les sirènes
Ici la nuit se lève
et c'est toujours le jour...

Moi
Ô maligne succion
des sorcières marines !
me perdre dans ce vertige !
Ô ce chant qui m'attire !
Êtes-vous le plaisir ?
Il en est une
qui me regarde
elle vient souvent
me scruter du tréfonds
tu la connais ?
Ses yeux qui m'engangrent...
elle est une comète
saline, marine ;
l'astre déjà vu...
toutes ses allures
et ses mille visages
moulés dans les vagues
les as-tu tracés
dans le fond de mes yeux ?
Sais-tu de quoi je parle ?
Quels sont les mille troubles
qui hantent mon cœur
et rongent ma raison ?

Arthur
Ces milles questions
Qui se ramifient
N'amènent, au fond,
Qu'ivresse et folie ;

Moi
Partout cette absence !

Arthur
Ce n'est qu'onde, flore,
Et c'est ta famille !

Moi
Celle-là m'appelle
et me prend dans ses algues !
Elle me déshabille
en nageant dans mes rêves !

Arthur
Puis elle chante. Ô
Si gai, si facile,
Et visible à l'œil nu...
– Je chante avec elle –

Mon cœur
Je chante aussi.

Moi
Multiples sœurs ! voix
Pas du tout publiques !
Environnez-moi
De gloire pudique...

Thierry
Ça va, Francis ?

Thierry sort de notre mètre cube habitable, il vient prendre son quart, il me réveille à temps, j'allais plonger, je crois. Thierry râle :

— Il n'y a toujours pas de vent, hein ?

— Ça va durer, tu crois ?

— Je sais pas... Putain de calmasse !

— Je vais rester là : il fait bon, je vais dormir sur les voiles.

— OK !

Je me couche sur les housses pleines de voiles. Je viens à vous, mes sœurs ! Je viens à vous ! Mais je viens à vous en rêve... J'ai entendu la chanson des sirènes ! Arthur : *C'est trop beau ! c'est trop beau ! mais c'est nécessaire |–Pour la Pêcheuse et la chanson du Corsaire, | Et aussi puisque les derniers masques crurent | Encore aux fêtes de nuit sur la mer pure !*

— Bonne nuit, Arthur !

— Bonne nuit, Francis.

17/8/1988. Au matin

Enfin la tempête. Tout le monde sur le pont. Je suis à la barre, Thierry et Laurent manœuvrent. Ils prennent la barre en alternance. Il faut se trouver toujours où l'on est le plus utile : c'est la loi sur un bateau.

— Affaler le spi ! Vite !

Étouffer le vent pris dans cette toile et qui bat comme un cœur immense entre nos mains.

Thierry avait décidé de voguer toutes voiles dehors jusqu'au dernier moment pour progresser plus vite, mais le temps s'est gâté plus rapidement que prévu ; le bateau pique de l'avant ! trop de vent ! trop de voile ! Il faudra même prendre un ris.

Thierry hurle, Laurent hurle et moi aussi je hurle ; c'est comme ça que parle un marin pendant la tempête : en hurlant. D'ailleurs tout le monde hurle à ce moment : le ciel, le vent, la mer, le tonnerre, la houle, et son choc avec le bateau ; le bateau... on croirait une plainte. Je souffre avec lui, pris dans le même souffle avec la même force. L'air nous emplit. Je le respire comme un poumon marin...

« C'est trop beau ! C'est trop beau !» Ces vagues gigantesques s'abattant sur leurs sœurs ! Et perdu dans les flots notre esquif qui se bat... « Multicoque au v'en avant / Vogue vole au vent / Multicoque au v'en rêvant / Vogue droit devant » !

C'est le bruit du chaos ! Tiens bon la barre, Ulysse ! Les dieux sont en colère ! On empanne, attention au retour de la bôme.

— Francis ! prends la barre !

A moi, Simbad ! Mon bateau qui se cabre, qui s'ébranle et qui se cabre encore ! Je fais l'amour avec toi, mon bateau ! Les éléments fous nous mélangent ! Dans ce lit d'embruns dont les airs sont empreints je borde tes rêves et je choque tes reins. Ces éclairs dans le ciel ! Je n'ai pas peur ! A moi le pouvoir cosmique de la toison d'or ! Ça va mal et je n'ai pas peur. Je suis fou : ivre du vent ; de la mer qui se casse. Ô tritons furieux ! Vous ne détruirez pas mes coques ! Vous périrez sous mon étrave ! Et Neptune m'est témoin que je ne crains pas son courroux ! Je suis Athom le rebelle et mon bateau porte mon nom ! Et je basculerai le mal dans son propre néant ! Je suis le bras flamboyant de l'énergie d'amour ! L'archange Lucibel ; son double Lucifer ! La foudre se brise contre mon épée ! Divins fracas de la lumière folle ! Ô vagues déchirées ! Ô joutes océanes entre la mer et l'homme !

Ô musique terrible des éléments déchaînés ! J'écrirai vos vacarmes et vos mille reflets ! Entends, Neptune ! Entends chanter mon cri de guerre ! Je suis le cinquième élément ! L'être humain ! Le résumé cosmique de toutes les colères et de tous les jardins ! Frappez, divins échos ! Frappez l'air de mes voiles ! Vous ne m'enfournerez pas !

A Olivier de Kersauzon

Bris de vagues ! Bris de lame !
Bris de l'âme !
Bris de coques dans le vent,
Mon bateau va de l'avant !
Droit devant
Voguant sous le ciel en flamme...

Face au Dieu qu'il importune,
Bris de vague ! Bris de lame !
Face aux armées de Neptune,
Bris de l'âme !
Fortune de mer fortune !
Droit devant !
Ne sois jamais infortune !
Mon bateau va de l'avant...

Bris de vagues ! Bris de lame !
Bris de l'âme
Bris de coques dans le vent,
Mon bateau va de l'avant !
Droit devant !
Vaguant sous le ciel en flamme...

Mon bateau ne faiblit pas.
Bris de vagues ! bris de lame !
Il ne craint pas le trépas.
Bris de l'âme !
Seul sans l'aide du compas,
Droit devant !
Aux dieux j'emboîte le pas.
Mon bateau va de l'avant...

Bris de vagues ! Bris de lame !
Bris de l'âme
Bris de coques dans le vent,
Mon bateau va de l'avant !
Droit devant !
Voguant sous le ciel en flamme...

Forêts célestes brûlant !
Bris de vagues ! Bris de lame !
Noir nuage en flots roulant !
Bris de l'âme !
Sang du ciel en eau coulant !
Droit devant !
Sur mes voiles ! Vide hurlant !
Mon bateau va de l'avant...

Bris de vagues ! Bris de lame !
Bris de l'âme !
Bris de coques dans le vent,
Mon bateau va de l'avant !
Droit devant !
Vaguant sous le ciel en flamme...

La tempête suit sa trame,
Bris de vagues ! Bris de lame !
Le gréement sur la mer brame !
Bris de l'âme !
Et que le grand cric me crame !
Droit devant !
Cris de coque ! Cris de rame !
Mon bateau va de l'avant...

Bris de vagues ! Bris de lame !
Bris de l'âme !
Bris de coques dans le vent,
Mon bateau va de l'avant !
Droit devant !
Voguant sous le ciel en flamme...

La mer s'ouvre et se referme.
Bris de vagues ! Bris de lame !
Dans mon ventre je m'enferme.
Bris de l'âme !
Au front des cieux l'œil se ferme.
Droit devant !
Toujours plus souple et plus ferme,
Mon bateau va de l'avant...

Bris de vagues ! Bris de lame !
Bris de l'âme !
Bris de coques dans le vent,
Mon bateau va de l'avant !
Droit devant !
Vaguant sous le ciel en flamme...

Gréement fou ! Vent déchaîné !
Bris de vagues ! bris de lame !
Cieux de charbon calciné !
Bris de l'âme !
Mer au ventre illuminé !
Droit devant !
Tu ne m'as pas pas enfourné !
Mon bateau va de l'avant...

Bris de vagues ! Bris de lame !
Bris de l'âme !
Bris de coque dans le vent,
Mon bateau va de l'avant !
Droit devant !
Voguant sous le ciel en flamme...

17 ou 18/8/1988. Je ne sais plus, après la tempête...

La tempête est finie. Tout s'est arrêté si vite que je crois l'avoir rêvé. La spirale du chaos s'est inversée. Comme un film à l'envers les nuages ont désenflé le ciel. Les nuages ! Étranges compagnons du voyageur des mers. L'œillade sur l'océan va jusqu'à perte de vue. Le regard du marin s'étend donc à des centaines de kilomètres. Il peut voir un orage s'approcher ou s'éloigner de son bateau, tranquillement au sec, au calme s'il se trouve suffisamment loin de lui pour ne pas subir son emprise. A l'abri sous un coin de ciel bleu, celui qui va sur l'océan peut observer au loin le choc des éléments dans toute sa spendeur et toute sa violence. Il peut contempler, entre l'air et l'eau, cet immense rideau de fanons ; cette gueule ouverte d'une baleine invisible et géante absorbant les éclats de l'écume, crachant la foudre des éclairs, et s'avançant le plus souvent jusqu'à fondre sur le marin qui l'observe. Et puis, au ras de la marée, cette pluie criblant le ventre plat des vagues écrasées par ces rafales de cordes. Au-dessus de la pluie, ces nuages épais comme la fumée d'un ciel qui serait en feu. Quand tout cela n'approche pas, tout cela s'éloigne. Mais tout cela se meut dans l'espace, et se déplace à vue, inexorablement...

Je me souviens de ma première course avec les nuages. Je me souviens de mon premier accrochage avec eux. J'étais sur le pont avec Thierry, le ciel était dégagé devant. Thierry me dit :

— T'as vu ce qui vient derrière ?

Je me retourne et je vois se déployer dans le ciel comme les deux ailes monumentales d'un oiseau noir et monstrueux. On aurait dit, dessiné dans les cieux, le vol d'un archange exterminateur. Je demande à Thierry :

— Ça vient sur nous, ça, ou ça s'éloigne ?

— Ça vient sur nous.

Naïf, je propose :

— Et si on allait plus vite que le nuage, on pourrait peut-être l'éviter ?

— Vent arrière, impossible.

Le vent qui nous pousse est celui qui pousse les nuages ; les nuages sont plus légers, ils ne frottent pas sur l'eau ; ils sont donc plus rapides que notre vaisseau. Plus le vent souffle plus l'orage vient sur nous. Il n'y avait plus qu'une chose à faire, attendre le grain dans la coque ou sur le filet.

Je choisis le filet. D'un seul coup d'aile, l'ange aux ailes noires faisait mieux que nous toutes voiles dehors, à tel point que nous avons réduit la surface du voilage pour essuyer le grain sans risquer l'avarie. L'ange noir se rapproche. Il pleure sur nos joues quelques gouttes salées de sueur céleste. Crachin bleuté des mers que le gris change en averse ! Le supplice chinois commence : celui de la goutte d'eau, multiplié par la pluie. Le temps s'étire alors, ou ne passe plus. Cela dure le temps que le nuage passe et surtout nous dépasse... Cela dépend du vent... Il vaut mieux ralentir la course du bateau pour donner de l'avance à l'ange. Que va-t-il rester de nous lorsqu'il ne pleuvra plus ? Peut-être une flaque ! Des clous me tombent sur la tête ; se plantent dans mon crâne ; petit à petit traversent mes mains quand j'en recouvre mon suroît. Il faut que cela s'arrête. Je ne veux pas rentrer dans ma cabine. Si j'étais à la barre je devrais rester là sans rien dire. Alors motus. C'est le métier qui rentre et, comme dit Arthur, « science et patience le supplice est sûr ». Le ciel me tombe sur la tête, par Toutatis ! par Bélénos ! par Thor ! par Odin ! Les Vikings au moins avaient un casque ! Et les Gaulois n'allaient guère sur la mer. Les marins bretons de l'Antiquité, les basques aussi, les normands et même les espagnols d'Isabelle la Catholique, tout ce beau monde avait son casque ! Et pas moi ! Boulons du ciel ! Gravier d'azur ! Épargnez l'infortuné Gaulois que je suis, égaré sur l'océan sans son casque et ses palmes ! Je ris ; lapidé par les anges ; sombrant soudain dans une euphorie nerveuse. Je me déshabille et je me couche sur le dos ; nu sur le filet ; les yeux ouverts ; je deviens le gréement de mon navire. Je deviens insensible comme lui ; immunisé par l'habitude ; et j'absorbe l'univers. La mer est une femme et je suis un spermatozoïde voguant vers un ovule titanesque. Il m'attend comme une mine océane pour exploser au contact de mon navire. Il pleut des vaches et des grenouilles. Je vois des vaches qui pleuvent, et des grenouilles aussi ; des grenouilles par milliers. Je suis à la campagne, je suis un train qui regarde passer les vaches. Et pourtant pas d'orage. Il pleut, c'est tout. Qu'on me dise pourquoi des vaches et des grenouilles, « hallucination simple ». Je me lève et je scande une danse indienne, pieds nus sur le filet durci par l'eau, en chantant comme un guerrier sioux. Thierrit aux éclats, comme son nom l'indique ; sans T c'est mieux même avec un nuage de lait. Nuage de lait ! De goudron ! De nuit le jour ! De jour la nuit ! Les vaches ce sont un peu comme les vagues des prairies. Et les grenouilles ont la couleur des prairies sans les vaches. Lorsque je regarde la mer je vois des formes d'hommes et des germes de femmes. Tritons nageant, sirènes papillonnant. La pluie comme un acide attaque mes pupilles, à présent je vois tout par le blanc de mes yeux. Ange noir ! Souviens-toi lorsque j'avais des ailes ! Demain ce sera moi qui verserai ta pluie. Ô larmes du soleil dormant dans l'air suintant des jours de canicule ! Abreuvez-moi encore et lavez-moi de moi ! Brumes liquides ! Hallucinez-moi, délivrez-moi de tout ! Vite un souvenir !

Saumur. J'ai seize ans. Pour la première fois de ma vie quelqu'un m'a dit je t'aime. C'est un garçon. Il est beau comme un ange ! Beau comme un ange noir ! Cette déclaration d'amour m'a troublé ! C'est la plus belle qu'on m'ait jamais faite ! Mon problème à moi, dans le groupe de jeunes comédiens dont nous faisons partie, c'est que je ne parviens pas à séduire une fille. Toutes les filles sont après lui. Lui, c'est moi qu'il veut. Moi, je tombe des nues comme une pluie soudaine. S'il refusait toutes les filles, je pensais que c'était parce qu'il ne les trouvait pas assez belles pour lui ; pas du tout ! C'est de moi qu'il est amoureux ; voilà tout. Nous sommes dans la salle de bains ; torse nu ; je cherche mes seins ; je ne suis pas une fille ! Cette salle de bains ressemble à un palais ! Il attend ma réponse, et moi je bredouille ces mots qui plus tard feront une chanson... Je ne peux pas ! J'ai besoin d'une fille, moi ! Pourquoi n'est-il pas celle qui n'est pas là pour me donner l'amour qui me manque ! Je lui vole son sentiment puisque je ne lui donne rien... Puis la folie me prend, ou peut-être la canicule ; cette chaleur étouffante depuis plus d'une semaine. Je sens soudain la pluie comme un lion sent le feu. Je lui murmure, « écoute, il va pleuvoir ». Nous hurlons tous les deux ! Nous réveillons toute la chambrée ! Puis d'un tonitruant éclat de rire nous courons dehors. Enfin la pluie ! Nous nous déshabillons ; nous nous couchons sur le bitume, nus au milieu de la route, main dans la main, et là nous regardons tomber la pluie sous les jupes du vent. Ô spectacle étourdissant ; le ciel est une femme et nous la pénétrons dans un lit de nuages. « Ô barbara » cosmique ! « Ruisselante sous la pluie ! » Nous t'avons ce jour-là dévêtue dans l'azur et nous t'avons fait l'amour comme deux amants siamois enchaînés par la chair ; déchaînés par l'orage.

Toi qui m'as dit je t'aime la plus belle fois, pardonne-moi d'avoir bredouillé mon refus ; fui mon trouble ! de ne t'avoir pas rendu ce que tu m'as donné. Pardonne-moi de ne pas avoir su ; de ne pas avoir pu. Est-ce être infirme que de ne pouvoir homofaire l'amour. Si c'est le cas, apprends de mon infirmité que cette pluie qui tombe me parle encore de toi. C'est toi que je vois aujourd'hui dans le ciel, et c'est ta main que je serre dans la mienne. Cette amitié qui nous lie mieux encore qu'un lit, je suis sûr aujourd'hui qu'elle parle l'amour couramment. Souffrir ton éternité, Ange noir ! Et devenir un nuage...

Soudain l'accalmie, l'averse s'atténue, la pluie tombe à l'envers comme de bas en haut. Tu rappelles tes fils, ô nuage ! L'archange du noir passe... Il nous a dépassés. Devant nous le brouillard lentement disparaît ; s'éloigne du bateau. Premier grain terminé. Le ciel me semble flou. Le temps me semble opaque ; et sur la mer au loin, céleste marécage, je regarde pleuvoir loin de moi les nuages... « les nuages qui passent... là-bas... là-bas... les merveilleux nuages !... »

32 août mille neuf cent quatre-vingt mille. Coefficient espace-temps, bleu ascendant colza

Aujourd'hui, au lever du jour, j'ai failli harponner une baleine. Elle souffle ; elle surgit à cinquante mètres face au bateau ; on dirait une île engloutie faisant surface comme un morceau retrouvé d'Atlantide. Le rocher de chair fond sur moi sans modifier sa trajectoire, sur l'air de « vos papiers, police des baleines, dégagez de ma route. Dégagez ! Dégagez ! » Facile à dire, mais comment faire ? Lofer ? Abattre ? Je choisis de lofer. De peu j'évite le sous-marin de chair sans qu'il ait pour autant dévié de sa route. Nous l'avons échappé belle. Une collision avec un cétacé de cette taille et c'en est fait du bateau. Il faut bien cinq éléphants pour faire une baleine ! En tout cas une baleine comme celle de ce matin-là. Depuis, je guette frénétiquement sur l'eau le geyser légendaire signalant la présence de l'impératrice des mers, et là, plus rien. Quelques « bites à voile », sans plus (on surnomme ainsi cette espèce de méduse nageant à la surface de la mer dont la forme aux milles reflets rappelle un pénis surmonté d'une voile épineuse). Il me fallut attendre encore un jour pour apercevoir une nouvelle baleine. S'élançant dans l'espace et se laissant retomber de toutes ses forces sur la surface de la mer, elle faisait sa toilette. Ainsi les coquillages et autres parasites se collant à la peau du cargo sous-marin se dissolvent dans le choc. Là je bénis le ciel d'être à distance suffisante de l'animal pour ne pas finir comme ces coquillages.

Ô divin monstre ! Massacré par l'homme sans égards ! Sans pitié ! Ô toi qui perpétues la chanson des sirènes ! Ta magnificence inspire le respect, l'amour et l'émerveillement ! Je te regarde t'envoler, défiant la gravité, et t'écraser sur la vague pour faire trembler le sol de l'océan... Pourquoi donc te chasser depuis la nuit des temps ? Faut-il que l'homme ait à ce point le goût de tuer Dieu ? Souveraine baleine hérissée de harpons ! Le blanc immaculé de la robe de *Moby Dick*, le bleu de ton sang noble, souillés du rouge flot de tes larmes versées... Je vois les baleiniers t'affrontant sur les gravures anciennes ; les barques brandissant leurs rames et leurs piques, en joute avec tes formes mythiques sur la crête des vagues. Ta queue s'abattant sur les naves branlantes. Le cri des marins tombés à la mer, et celui du guetteur sur son mât : « Elle souffle ! » Tribord arrière un cachalot. C'est un petit, peut-être un bébé...

— Laurent ! Prends la barre ! Vite, je m'accroche un bout autour de la taille, je veux sentir sa peau !

Je me laisse glisser sans bruit sur la mer lisse, retenue par le bout qui m'attache au bateau. Le cachalot m'ignore et poursuit sa course si près du bateau que je peux m'approcher. Il ne sent même pas mon corps qui tout entier se transforme en caresse ! Toi dont j'ai frôlé la peau toute de vague ! Enfant démesuré perdu dans les flots ! Pardon pour ce péché ! Mais je voulais qu'un jour tu puisses dire aux tiens qu'un homme ne tue pas forcément tes pareils...

A Thierry Arachtingi

Brise éveillant des milliers de candeurs
Avec l'éclat rieur des tout-petits ;
Lâcher dans l'eau de ballons de pudeurs
Extrapolant un vol de chuchotis ;
Influx rendant légères nos lourdeurs ;
Nappe sous l'eau d'une divine haleine,
Écoute en toi le chant d'une baleine...

Ballade ouvrant le champ des profondeurs
Aux loups des mers à jamais repartis ;
Lèvres livrant les solaires blondeurs
Enflamment l'onde des vents invertis ;
Irisant l'eau des marines verdeurs,
Nuant les charmes de la lune pleine,
Écoute en toi le chant d'une baleine...

Ballet de sons, aux géantes rondeurs,
Aux mouvements toujours plus ralentis ;
Lombrics de l'ombre perclus de froideurs
Et devenant papillons repentis ;
Ivre d'un temps libre de ses raideurs,
Nimbant le fond de l'océane plaine,
Écoute en toi le chant d'une baleine...

Bulles de paix sublimant nos laideurs;
Ailes des mots en notes convertis ;
Liant le nouvel homme à ses grandeurs
En conjurant ses mortels appétits,
Immaculant nos funestes ardeurs,
N'opposant seul que l'amour à la haine,
Écoute en toi le chant d'une baleine...

Brame des brumes, parfum de strideurs !
Aube dans l'eau des cieux anéantis !
Larmes de flûte aux subtiles tiédeurs
En quête d'yeux montés sur pilotis ;
Impression de satyres grondeurs
Nés de l'écaille du cœur d'un silène,
Écoute en toi le chant d'une baleine...

Branches que tressent de vibrants brodeurs
Au vert métier des forêts d'Atlantis ;
Lame aux sept bras des poulpes émondeurs
Élaguant l'être des dieux pervertis ;
Ingérant l'âme des vieux baroudeurs
Noyés dans le ventre d'une sirène,
Écoute en toi le chant d'une baleine...

TORNADA

Bouche princière des grands commandeurs
Atlantes, de leurs trous noirs ressortis !
Lavant de nos mémoires les hideurs
En surgissant des mondes engloutis !
Immergeant l'air des antiques splendeurs,
Neptunisant le souffle en cantilène,
Écoute en toi le chant d'une baleine...

Entre ciel et mer, hors du temps, la pétole...

Je ne sais plus le jour, je ne sais plus la nuit. Pas de vent, pas de vague. En un mot la pétole. Il n'y a plus de temps. Le soleil pleut des flammes : « illuminations »... Ô peuple des mortels ! comment dire cela ? Le calme plus que plat, en un mot la calmasse. Éole ! lève-toi ! Mets du ciel dans mes voiles ! La terre n'est pas loin ; je le sais, je le sens ; mais sans air elle est à l'autre bout de la terre. Du vent ! Nous faut du vent ! Nous faut partir de là ! De ce lac d'eau salée ! De cette mer sans écume ! Et de mes feux salins, de leurs cris dans mon crâne... Mots vert doré flamboyant dans l'eau vague ! Ô mirages sans formes ! Je vois le vide ! Je vois le néant ! Je suis comme une étendue détendue en attente. Une île entre mon âme et moi. L'aura d'un astre mort avalé par l'oubli. Il n'y a rien. Pas de passé. Pas de présent. Pas d'avenir. Seulement le silence bleuté de l'espace immobile ; et les craquements sourds du gréement qui s'étire...

Deux jours avant la terre, enfin le vent se lève

C'est d'abord comme une caresse de l'immensité. Puis l'impression d'être un oiseau dans le ciel se couchant pour voler sur un courant d'espace. Un frisson dans le dos qui viendrait des étoiles. Puis c'est l'illusion d'être pris dans l'haleine d'un souffle divin. Je ferme les yeux ; je vois souffler, joufflus, les archanges d'Éole. Puis le bateau s'anime, il redevient vivant. L'océan se réveille, il sort de sa torpeur. Il se marbre de vague. Ô le vent dans les voiles à nouveau ! L'onde vive ! Ô la joie dans nos gestes ! La sensation folle de pure allégresse qui trace à nouveau, dans nos yeux, le fil de l'horizon...

23/8/1988. La terre

La terre sur la mer, c'est d'abord un nuage touchant la surface des flots comme exhalé par les vagues. Puis cela prend l'air d'un monceau d'écume qui touche le ciel. Plus on se rapproche de ce tourbillon de brume immobile et plus ses contours traversent leur fumée ; deviennent ces coteaux que l'on appelle côte, et se teintent de gris ; de vert ; de paysages ; deviennent des rochers ; des forêts ; des maisons ; puis des bateaux stagnant dans l'eau morte d'un port ; et pour finir, la terre que l'on foule comme Armstrong le sol de la lune... On se réveille sur la mer, et cet oiseau qui vient d'un rocher pousse son cri : « Terre ! » Il faut regarder, au bout de l'horizon, ce brouillard qui se lève. C'est celui d'un pays où les gens vivent à sec. Le sec ! Je ne sais plus ce que cela veut dire... Ce long travelling avant qui me conduit vers la terre est celui des marins qui voyagent en moi : Jason ! Simbad ! Ulysse ! Et vous Marco Polo ! Magellan ! Christophe le colon ! Découvreurs de planètes ! Avec vos yeux j'ai vu ! Mais le monde que j'ai découvert en bateau c'est celui de la mer...

De retour à la terre, je me sens à nouveau prisonnier du tangible. Il faut que je m'évade. Mon visage est brûlé car j'ai vu le soleil. Tout ce sel sur ma peau, c'est celui qui manquait à ma vie. A présent il me manque à nouveau. Je veux aller dormir. Laurent, Thierry vont se doucher. Moi je garde sur moi les adieux de la mer, et ma tête qui tourne fait tanguer le sol ferme comme pour perpétuer le mouvement des flots. Je ne sais pas encore que tout est terminé, que je ne reverrai plus jamais mon bateau ; et que bientôt les huissiers, avec leurs ergots de vautour, viendront me l'arracher.

Je me couche et je rêve encore à mon voyage. Comment décrire cette impression d'escale ? Cette giration lente qui saisit mes cinq sens ? Ce vertige chronique s'attachant à mon être ? Ô Jason, ô bateau ! Solitude d'Ulysse rentrant à Itaque ! Soudain je m'endors... avec ma toison d'or... dans un hôtel du port... et dans mon sommeil tout devient... aquatique... La chambre s'emplit d'eau. Je nage dans un bain d'apesanteur sous-marine. Enfin je me noie ! Tout devient bleu cosmique... Une pluie de baleines survole mon lit. J'évite leur essaim dans l'espace éthérique où les grands cétacés, comme des météores, traversent le soleil au choc avec le vide. A la barre de mon voilier je mets le cap sur la lumière, au plus profond des abysses et pourtant de l'univers. Je vole dans la mer ! Je vole ! Ô oui ! Je vole et je flotte ! Invisible au-delà des comètes ! Ô mon Dieu ! S'il vous plaît ! Gardez-moi pour toujours au cœur de cette folie ! Arthur, je te rejoins. Autour de moi tout danse ! Ivre comme ta nave ! Et je suis une voile ! Mon corps un ange ! Enfin ! Comme au début des temps ! Pyramides vertes ! Transparentes et vives ! Au fond de moi, planez ! Planez encore ! Et rendez-moi mes ailes ! Océan ! Je deviens la moindre de tes gouttes ! Je me déverse en toi jusqu'à l'infinité ! Au ralenti je me réveille et, les yeux ouverts, je vois autour de moi comme un monde en orbite...

Que cela ne s'arrête jamais ! Que ces marées d'espace à jamais soient ; me submergent ! Ô marées essentielles ! Au ventre de ma nuit, ne vous retirez pas ! Je nage dans le ciel ! Je crois que c'est l'amour... ce soleil est... ma lune... Ce mouvement grisant qui soudain m'extrapole est celui de la mer ; de l'amour ; de cette femme vertébrale ondoyant comme un serpent dont chaque anneau serait un morceau de mon être. Elle me love et je deviens une algue embrassée par les flots. L'air et l'eau se ressemblent. L'air et l'eau me rassemblent. Autour de moi des nuées d'anges vibrent ; verts et translucides ; légers comme le vent ; rapides comme l'éclair ; tous filaments dehors m'imbriquant dans leurs ailes ; tels des extraterrestres prenant un bain d'azur chlorophyllé dans leur soucoupe volante, ils m'entraînent vers ma lumière ; ils font un cercle autour de moi, de la femme serpent, de nos caresses flottantes ; un cercle lumineux ; une ronde enfantine ; et je suis dans la ronde ; et je la fixe en son milieu. Je tourne autour de moi ; je suis double, triple, quadruple ; mes morceaux me survolent ; m'enroulent ; m'enlissent puis à nouveau s'assemblent, s'envolent à nouveau ; me font un nouveau corps, différent et semblable, et je deviens une fumée qui s'évapore dans un tourbillon de sel qui d'un seul coup se fige. Je redeviens solide et je me désagrège à nouveau grâce à Dieu ; statue de chair et d'âme je suis l'eau, je suis l'air, je suis la vague au vent, je suis le chant du large. Est-ce toi, Yémanja, qui dévore mes sens ? Ô reine des sirènes, est-ce moi dans tes bras ? Que ce vertige bleu ne finisse jamais ! Qu'il soit mon univers ! Qu'il m'absolve de tout ce qui n'est pas moi-même ! Qu'il me dissolve dans le feu qui ne brûle pas ! Je m'endors, tout s'éteint, il fait noir à nouveau, je crois que c'est la mort, le début des étoiles.

24/8/1988. Le matin. Réveil douze heures après

Tout redevient normal. Je guette mon vertige. Il revient quelquefois, mais sa trace s'efface au rythme du réel. Mon rêve se dissipe. A nouveau je suis seul au pays des terriens. Pendant la nuit, des démons sans doute, profitant de mon trouble, ont dérobé ma toison d'or. Ô Jason ! Ô bateau ! Redevenir encore une fois l'argonaute ! Aller de mal en spi ! Que le grand cric me croque ! A cheval sur mes coques tel un triton errant... « Ô combien de marins, combien de capitaines » sont morts sans avoir goûté ce vaisseau cerf-volant. J'étais catamarin sur mon catamaran, je serais trimarin sur un grand trimaran. Un jour je construirai le plus grand des multicoques. Avec lui je vaincrai mille fois l'océan. Je surpasserai les voiliers les plus rapides ou je disparaîtrai dans le ventre des vagues à « vingt mille lieux sous les mers ». Et toi, femme unique et que je cherche encore ! Toi qui n'existes pas, tu naîtras telle Vénus d'une conque géante et tu deviendras ce navire dont parle Saint-Exupéry, « sans lequel il manquerait l'éternité ». En nous aimant nous deviendrons gréement ; amants infiniment célébrés par les vagues. Éole et Neptune seront nos témoins et jusqu'après nos corps nous resterons mériens. Je sens le vent tourner ; mon corps, mon cœur grincer ; stagner comme un navire au port. Je sens se lever les vents mauvais de la fausse réalité, ceux qui soufflent sur le temps pour le faire avancer ; qui te laissent sur place vieillir et pourrir, handicapé du temps lorsqu'il se prend pour son sillage. Il emporte mes cheveux, il arrache ton visage ; et creuse sur ta peau la trace de sa course. « Ô temps ! Suspends ton vol ! » Quand je voguais sur toi tu n'étais plus le temps mais l'espace immuable ; celui que l'âme en nous traverse et que seuls ressentent ceux qui vont sur la mer, ceux dont parle Platon ; ceux qui ne vivent pas ; ceux qui ne meurent pas ; ceux qui sont ; sans vouloir trouver l'existence...

Il faut que je raconte mon voyage à quelqu'un pour le prolonger encore. Je suis orphelin ! Orphelin de ma mer. Adieu, cher océan ! Chaque jour loin de toi sera comme un naufrage.

à Blue

Suck my soul girl
Suck my soul
Make me feel the
Rock'n roll

I'm your angel
You're the sky
Swallow me girl
Make me fly

Suck my soul girl
Suck my soul
Make me feel the
Rock'n roll

I'm your planet
You're my eye
Follow me girl
Don't ask why

Suck my soul girl
Suck my soul
Make me feel the
Rock and roll

Cry whith me girl
Suck my pain
Suck my blood and
Be my rain

I'm your heaven
You're the snake
I'm the sword and
You're the lake

You're the one girl
You're the blue
Just love me like
I love you

Follow me girl
Follow me
Swallow me girl
Swallow me

Puis vint la fille bleue... Ce fantasme inachevé qui me traîna par le cœur jusqu'à l'endroit de son corps. Son regard dans les miens ricochant tel un caillou sur l'eau d'un lac. Cette fièvre dans les traits qui faisait de chaque bouffée d'air respirée à ses côtés comme un dernier soupir. Cette envie de lui faire l'amour d'urgence ; comme on ferait à une morte pour l'éveiller du long sommeil et la rendre à la vie d'un conte de fées. Corinne, ce corps dont un trait de trop dans la pénombre du prénom m'interdisait sans autres raisons que l'absurde la rime avec toujours. Un signe, un rien qui fait deux n d'un m et qui trouble l'amour comme on brouille des cartes. Et pourtant, cette couleur, la tienne, dont un jour tu fis ton nom ; ce vert pris dans le rouge partout dans ma mémoire quand je pense à toi ; ce bleu du jour et de la nuit dans le blues de ton sourire, ce bleu qui veut dire comme on danse : « Je veux m'envoler ! » Ce bleu qui tutoie les nuages et tombe en mille grains de ciel, de pluies de larmes en pluies d'étoiles ; ce bleu qui se mêle à l'azur de mes rêves lorsque le temps devient son contraire. Toi, tu vibres, tu zones dans ce bleu, ce bleu-là fait de toi qui fait dire « il fait bleu » comme on dirait indifféremment « il fait beau », « il fait triste » ou bien encore « il est... ». Toi et ta maigreur charnue de femme absinthe évaporée dans le silence de l'oubli ; toi comme un parfum diagonal entre l'ivresse des encore et la psychose des jamais plus, je t'ai toujours connue au bord de tout, perdant ce qui te restait de rien comme une femme enceinte ses eaux chez la boulangère ou dans un cocktail mondain ; et je t'ai aimé pour cela, comme cela, sans te dire bien sûr que c'était pour cela ; semant sur ton chemin en gouttelettes d'eau cette trace de moi qui te mène à nous chaque fois que tu perds ta route. Car l'eau ruisselle et s'efface sur les joues du bitume ou du trottoir, mais toi, Blue ! Tu sais lire dans l'eau comme on lit dans les entrailles d'un animal et tu sais reconnaître une goutte d'amour même sous l'averse ; et chaque goutte qui tombe de ta vie, ou sur ta vie, porte et garde le nom que tu lui as donné. Je sais, moi, qu'il faut te parler en gouttes ; en gouttes d'eau, de bleu, de tout... toi, tu pleures quand tu ris comme il pleut par temps de soleil ; tu n'es jamais ni gaie ni triste ; tu es la fille bleue ; le mélange des anges ; la fille unique de l'indigo et du violet ; et c'est pour cela que je t'aime sans t'avoir jamais dit bien sûr que c'était pour cela. Toi, les cheveux délavés par l'orage, le teint toujours de glace, toi, l'ange aux lèvres de salive, aux dents de neige grise, un sanglot de sourire toujours au coin des yeux, toi, ma Vénus transylvanienne ; mes mains sur ta poitrine absente, au contact avec ton âme, et le val de tes reins comme un appel au secours, et l'homme au-dessus de toi qui se sent comme un aigle... Toi belle comme doit l'être la mort lorsqu'on s'accouple avec elle... Ta peau à lécher comme un chien son os ; ta peau tendue à l'extrême comme le ventre d'un tambour ; ton âme en trompe-l'œil incurvée dans ce ventre en attente de chair à qui donner son cœur. Toi, comme un désir partout dans mes stand-by lorsque je pense bleu ; toi dans le vrac de mes après comme une caresse en voyage qui dénonce mon être et le remet en ordre, oserai-je te dire encore que je t'aime sans abîmer ce mot qui fait trois entre nous. Cet amour entre nous comme l'esprit des vagues et le sang du soleil, comme cette planète où nous sommes perdus depuis bien trop longtemps : Bleu...

Je m'invente aujourd'hui des chemins de traverse. Je ne suis plus de chez vous.

Léo Ferré

« Ô saisons, Ô châteaux ! » Les poètes sont des êtres conservant de manière latente la mémoire vivante de l'éternité ; du langage d'avant le temps, d'avant le langage ; la mémoire de ce commencement dont nous parle la Bible, où le Verbe ÉTAIT...

Le Verbe : cette synergie divine ; cette synergie primordiale, celle de ce fruit encore préservé de la morsure du ver... Dans chaque fruit pourtant il est un ver qui sommeille. Et lorsqu'il se réveille il dévore les entrailles du fruit. La chair interne du fruit prend une couleur excrémentielle et le fruit n'est plus un fruit, c'est un fruit rongé de l'intérieur. A l'extérieur il a toujours l'air intact mais à l'intérieur il n'est plus le même. L'esprit des hommes est comme ce fruit, comme cette pomme pourrie dedans, celle que l'homme a souillée de sa morsure.

L'homme est ce ver embryonnaire dans la chair immaculée de Dieu. Dans la tête du poète, un trou parfois se forme. Un trou qui fait surface à l'extérieur de sa pensée. Comme celui du ver à la surface de la pomme lorsque le ver veut prendre l'air. Alors le poète réalise que le ver est dans le fruit, la lèpre en Naaman, que la mort est dans sa tête, le mal aussi, la « nuit si nulle » dont parle Arthur Rimbaud ; la nuit que dépeint Hölderlin : celle qui sépare l'humain de sa Divinité. Celle de l'oubli. Cette amnésie du langage universel et qui s'appelle l'intelligence.

De ce ver, il fait des vers pour tenter d'extraire, des brumes de son subconscient, cette mémoire endormie. Celle qui s'éveille en lui. C'est alors qu'il tente inexorablement de faire advenir à sa conscience cette mémoire sensorielle de l'éternité ; d'extraire le ver qui ronge sa mémoire en rêvant qu'un jour il y parviendra ; que, délivré du ver, la chair du fruit retrouvera sa texture originelle, et qu'il reprendra sa place sur le pommier d'or de l'immortalité. C'est pour cela que le poète écrit comme un malade, comme un fou : pour redevenir l'ange qu'il est depuis toujours.

Mais plus il lui ressemble plus il devient le contraire des autres ; et plus il semble fou parce que différent ; plus il perd le regard de son éternité. Parce que cet œil tombé de lui, comme l'émeraude du front de Lucifer, ne parvient pas à émerger des abysses de sa conscience. La poésie lui fait apercevoir les contours de cet œil comme au fond d'une étendue d'eau ; comme l'ombre de l'épée sacrée entre les bras de la dame du lac. Mais il n'est pas le maître de l'enchantement. Les mots lui manquent pour que la formule de son art opère la magie absolue. Celle qui peut lui rendre l'épée du pouvoir. En vain. L'épée reste au fond du lac ou prisonnière du rocher de sa pensée. Le poète est un roi sans épée donc sans terre, à la recherche du graal de son éternité.

« Ô saisons, ô châteaux ! » Roi Arthur ! au-delà de l'arc-en-ciel phonétique (en anglais dans ton nom), toi qui l'as retrouvée, le temps d'une saison, les hommes pourront-ils un jour recouvrer la mémoire ? Éternité perdue ! Plaie béante et suintante de notre âme en deuil dont coule le sang et l'eau de notre esprit divin ! Toi, le cancer du poète ! absorbe-moi ! dévore-moi ! délivre-moi des autres ! Il faut pourtant un miroir à toute chose...

Le poète est un être qui sent l'éternité faire nuit sous des millénaires de fausses mémoires, de fausses incarnations, de faux univers. L'homme est là qui dort en l'homme, sous l'homme, écrasé par une couche temporelle de faux dieux, de fausses images de ce qui est, qui sera toujours : quelque chose comme cet astre en flamme entre les lèvres de Yahvé qui chante dans l'air du temps qui danse ; le verbe agissant des Égyptiens ; l'œil de l'être infini... Tout cela le poète le sait en l'ignorant, il le sent, alors il cherche à communiquer, avec toutes les entités extérieures à son être, cette certitude inexprimée des sens ; parce qu'à travers les autres il espère en trouver le reflet ; parce qu'il croit que le miroir des autres est fiable ; parce qu'à la recherche d'un remède contre sa part de cécité le poète est bien obligé de voir avec ce qui lui reste de regard ; c'est-à-dire le sien et celui des autres : les seuls encore en activité. Mais l'éternité ne se projette pas dans un espace-temps ; elle se diffuse uniquement dans une sorte d'espace transcendantal, inaccessible à la raison, elle ne se voit « qu'avec le cœur », selon les termes de l'ami Saint-Exupéry, totalement « invisible pour les yeux ». Le poète voit la musique ! Il entend les couleurs ; il devient étranger à la réalité, parce qu'il sait par essence qu'elle n'est pas La Réalité mais celle des autres. Il ne peut plus se refléter dans le miroir qu'en s'éloignant de lui pour regagner celui des autres. Ainsi le miroir lui renvoie une image : celle de la fausse réalité, l'empêchant un peu plus de retrouver l'image de la vraie, celle de l'Éternité.

Le poète est cet homme s'éveillant d'un coma dans un pays étranger ; qui n'a plus ses papiers ; tout ce dont il se souvient c'est qu'il est marié, mais il n'a plus en mémoire le visage de sa femme. Cette souffrance est celle du poète qui n'a qu'un vague souvenir du contour voilé de sa propre essence ; et voilà pourquoi son âme souffre sans rémission en Enfer.

Arthur ! Mon frère Arthur, je t'aime et je marche à tes côtés, prisonnier de cette folie dont je m'évaderai peut-être un jour sans renoncer à ma quête ! Mais je ne veux pas que la douleur s'éteigne ; elle est ma protection ; comme le nerf central de mon esprit ; celui qui me réveille quand je risque le dernier sommeil. Cette douleur c'est le « cri du papillon » qui me garde éveillé. L'homme qui n'a pas de nerfs peut brûler sans même s'en apercevoir. Si je sens que je brûle, si je sais que je brûle, alors je peux renaître encore de mes cendres. « Je veux le monde » comme Jimmy, « je le veux maintenant » ; chaque instant pour toujours ; alors j'ai besoin de cette douleur pour avancer dans le noir. Elle est la boussole qui me montre le chemin dans les astres. Elle est l'armoire de ma folie, celle où je cache les merveilles pour qu'elles restent des merveilles à l'abri du commun, des yeux sales et des caméras du malin. Je suis Lucifer ! Le porteur de lumière ! L'ennemi juré des ténèbres ! L'archange damné par amour de son Dieu ! Celui qui navigue pour le bien sous la bannière ardente des corsaires cosmiques ! Mutin par dévotion au grand ordre divin ! Rebelle parce que telle est sa mission ; parce que

Dieu ne peut affronter son ver en combat singulier sans créer son champion à l'image du ver. Oui je suis fou ! À lier ! À enfermer ! Vous pouvez croire tout ce que l'on dira de moi parce que c'est faux. Je ne suis pas mon existence ! Je vis ailleurs dans cette étoile qui brille la nuit comme le jour. Je suis la différence qui se dit le péché.

Oui saisons ! Oui châteaux ! Et survivre à celui que je suis sans me perdre. Écrire, écrire encore et ne pas m'avorter pour abolir ma souffrance. Je veux apprendre à vivre avec mon cancer et croire encore à la vie jusqu'à triompher de ses assauts, jusqu'à terrasser ma douleur comme l'archange saint Michel le fit avec la bête. Je suis la bête. Elle est en moi. Je survis à son agonie et sa mort n'est pas mon suicide. Oui chancre du néant ! Et tu n'auras pas raison de moi ! Tu ne m'absorbes pas ! Je cracherai mes vers jusqu'à cracher mon ver et je redeviendrai la pomme sainte et pure ! Je rendrai ses écailles à l'oiseau serpent ! Je le chevaucherai pour me fondre en sa lettre ! J'écrirai son vol avec la plus ancienne de ses plumes ; la plus légère aussi ; la plus proche du lointain. Alors il fera beau. Je ne laisserai pas le temps vieillir mon âme, le temps ne sera plus. Quant à l'espace...

Un jour à Charleroi, chez mon ami Rimbaud, je me laisse envahir par un air de son air ; une sorte de courant d'air étiqueté Rimbaud. Comme un « tu te souviens ? » à qui n'était pas né... Les murs noirs de fumée, le ciel couleur des murs, tout semble me parler, comme un vieux souvenir surgit dans la mémoire. Quelle mémoire ? La mienne ? Certainement pas ! Je ne suis jamais venu à Charleroi ! Peut-être celle de Verlaine ou celle de Rimbaud ! Une carte postale adressée du passé direction cet instant. Ce « rappelle-toi » qui ne vient pas de moi, je lui donne un visage, celui du poète roi et je lui parle : « Tu sais je t'ai lu dans les livres ! Peut-être cette femme un soir gris dans tes bras ! Cet homme ou ce soldat sur une barricade, assoiffé de ta peau, peut-être était-ce un ange ami de mes sanglots ! ! Peut-être encore ce sourire échappé de tes rêves... et peut-être est-ce lui qui me parle de toi ! »

Un grognement de porc venant d'une moto, plus un mot, c'est Verlaine... Chut... il fait froid. Je suis à Charleroi, j'ai seize ans. Tout s'éclaire. Arthur ! Réveille-toi ! Prends ma main ! Montre-moi ! La nuit ! La peur ! Ton rire ! Ces kobolds dans le noir ! Pourquoi toujours Verlaine... J'ai faim. Là joue l'enchantement. J'entre au cabaret vert ; le vrai ? le faux ? Le vrai dans ma Réalité. Ma presque main fourmille ; un frisson de plume ; écrire vite ! « quoi ? l'Éternité » bien sûr ! Un sonnet ? Pas encore un sonnet ! C'est toi qui parles, Arthur ? Oui c'est toi... que dis-tu ? « Demandons aux poètes du nouveau — idées et formes. », une forme nouvelle ? et qui parle de toi ! J'ai des fourmis dans les idées ! Un nouveau plat de vers ! Faisons de la cuisine ! une nouvelle recette ! Parfumer de quelques genres d'épices littéraires pour relever leur goût, les règles du passé. Inventer d'autres règles modifiant l'ordre ancien, pour l'étendre, et lui faire rejoindre un peu plus sa propre infinité. Ma prose tourne aux vers, je sens mes phrases prendre un rythme alexandrin... Pas encore ! Attendre un peu ! Trouver d'abord ! Une forme moderne et classique à la fois. Un sonnet défiant les règles parnassiennes ! Rimbaud l'a déjà fait... Donne-moi quelque idée ! Rends ma plume insolente ! Arthur ! mon frère Arthur ! jetons ensemble encore un pavé dans la mare du diable. Et soyons libertins... Inventons le sonnet.

Nous sommes siciliens ! Nous vivons en Sicile au XIIIe siècle ! Nous nous appelons Arthur de Lentino ou Giacomo Lalanne ! Amusons-nous un peu, loin des « maîtres du faux verbe » et des « cochons pertinents » dont parle Antonin Artaud ! Allons aux troubadours ! Travaillons en musique ! Sur deux rimes donc, pour rendre le vers mélodique ! Et croisons le vers avec notre passé. **abab abab** encore **aba bab** de Lentino le fit avant nous. Soyons plus fous que lui ! donnons la rime **A** au premier quatrain et la **B** au second. A chaque quatrain sa rime. Une idée me vient... lançons à Pétrarque un clin d'œil amical : celui des poètes rénovateurs et recréons avec lui l'embrassement des rimes en l'imprimant de notre marque. Pétrarque bien avant nous reprenant les deux quatrains et Giacomo de Lentino transforme les strophes croisées **abab abab** en strophes embrassées **abba abba**. Restons-lui fidèle sur le plan homographique et trompons-le sur le plan homophonique en combinant un pluriel avec un singulier sur une même rime, qu'en dis-tu ? La règle classique dit que seuls peuvent rimer graphiquement deux mots dont la liaison avec le mot suivant se fait sur une même consonne[1]. Nous transposerons donc le schéma de Pétrarque **abba** en **a a'a'a** et **b b'b'b**. En incluant en fin

1. Exemple la liaison du mot amour au singulier se fait avec le mot éternel sur la consonne R (un amour éternel) ; au pluriel sur la consonne Z (des amours « z'éternels »). Donc amour et amours ne peuvent s'accorder ensemble. Ils forment deux entités, deux rimes différentes.

De même amour ne peut rimer avec toujours qu'au pluriel et avec jour qu'au singulier. Cela bien sûr dans un rapport strictement homographique, c'est-à-dire traitant de l'harmonie écrite.

Mais sur un plan homophonique, c'est-à-dire concernant l'harmonie phonétique, amour (au singulier) rime avec toujours, amours (au pluriel) rime avec jour puisque leurs ultimes syllabes ont un son comparable.

de rime 2 ; 3 une différence pour l'œil avec 1 ; 4 ; et de même pour les rimes 6 ; 7 avec les rimes 5 ; 8, nous aurons pour chacun des quatrains une rime à l'oreille et deux sur le papier. Moyen ludique de mettre en exergue les deux principaux niveaux de perception d'un poème : celui des yeux et celui de l'oreille. A présent que faire des tercets ? Comment se démarquer franchement de nos prestigieux ancêtres tout en restant fidèles au parfum quintessentiel du sonnet ? La grande majorité des sonnets, dans la littérature internationale, comptent quatorze vers divisés en quatre stances. Certes on trouve des pièces baptisées sonnets de plus de quatorze vers, mais elles demeurent marginales et ne sont pas exemplaires. Nous conserverons donc à notre sonnet ses quatorze vers afin de préserver sa forme populaire, mais il nous faut une idée pour éclater cette forme et qu'elle devienne la nôtre ! Servons-nous de l'invention principale du sonnet français à son éclosion ; celle qui fut le fait de Clément Marot ! Modifiant les tercets de Pétrarque qui excluait la formation de rimes plates par deux schémas, l'un sur trois rimes **cde cde** l'autre sur deux rimes **cdc dcd**, il place en tête de son premier tercet un distique **cc** flanqué d'une rime **d**. Ce tercet **ccd** devient dès lors le premier tercet de référence pour tous les puristes classiques. Allons plus loin que lui : multiplions l'effet distique sur six vers en rimes plates et remplaçons les deux tercets du sonnet traditionnel par trois distiques. Hourra ! ! ! notre sonnet a cinq strophes ! Tu m'entends, Arthur ! Le parnasse contemporain doit se retourner dans sa tombe ! Narguons-le encore un peu. Le deuxième tercet de Marot se déclinait en **eed** avec l'apport d'une nouvelle rime, la rime **e** disposée comme la rime **c** en distique. Ce tercet **eed** acheva ce que l'on appela désormais le sonnet marotique. Sous l'instigation de Du Bellay et de

Ronsard cette forme fut alternée avec une autre qui transforma le deuxième tercet marotique **eed** en **ede**. Ce tercet en rimes croisées devint à son tour le deuxième tercet de prédilection des poètes successeurs de la Pléiade, et notamment le second tercet favori des parnassiens. Faisons aux parnassiens ce que nous avons fait à de Lentino, croisons les strophes comme nos ancêtres croisaient les rimes et projetons l'**ede** du sonnet classique sur six vers et trois strophes : soit **ee ; dd ; ee.**

Arthur

J'ai déjà vu ça, Francis !

Moi

Où ça ?

Arthur

Dans une traduction de Vasquin Philieul d'un sonnet de Pétrarque

Moi

Lequel ?

Arthur

Le 176 du « Canzionere »... tu sais, celui dont les tercets font dans la traduction de Vasquin :

« Ainsi je crois l'entendre babiller » C
(Il parle de Laure et de la fontaine de Vaucluse...)
« Quand les oiseaux ne font que gazouiller, C
Ou quand sous l'herbe on sent barboter l'onde. D

Bref n'est silence, ou bien en tout le monde, D
Qui pour plaisir ainsi lui soit pareil, E
Si trop n'était lointain de mon soleil ! » E

Moi

D'accord, Arthur, mais ça c'est du **CCD** ; **DEE** ; si je ne m'abuse ! Pas du **CC** ; **DD** ; **EE** ! La virgule après *gazouiller* et le point après *l'onde* met la pause au vers 11 et non pas au vers 10, donc au tercet, pas au distique.

Arthur

Bien vu ! Nous plaçons donc la pause après les vers 10, 12 et 14 en rimes plates, transformant en distiques les deux sempiternels tercets du sonnet. En conservant les rimes **a** et **b** jusqu'au bout, comme nous l'avions dit au départ **e** devient **a**, **d** reste **b**, pour **ee** ; **dd** ; **ee** cela fait du **aa** ; **bb** ; **aa**. Appelons **aa A**, **bb B**, cela fait bien **ABA**.

Moi

ABA jacta est, le sort en est jeté, notre sonnet vient de naître. Marions incestueusement une carpe latine avec un lapin grec et baptisons-le pentasonnet au nom de ses cinq stances ! ou cinqsonnet pour ceux qui ne savent pas que penta veut dire cinq !

Arthur

Non, Francis ! Non ! Ça ne sonne pas bien, cinqsonnet, on dirait qu'il y en a cinq, ou 5 en 1 ! Dans cet esprit-là, je préférerais « quinsonnet », moi.

Moi

Ouais, quinsonnet, ça c'est un nom qui sonne !

Arthur

Ça te plaît ?

Moi

J'adore !

Arthur

Alors on dit quinsonnet !

Moi

D'accord ! Tope là !

C'est notre forme, Arthur ! Notre forme à nous deux ! Celle-là je te la dédie ! Le Cabaret-Vert tremble, il vrombit de joie, des assiettes tombent de la main des serveurs, bruits de vaisselle qui se brise... réveil ? Non, pas encore ! Maintenant il faut l'écrire. Arthur, je vais t'écrire un « quinsonnet » qui parle du « quinsonnet », je l'appellerai « quinsonnet parfait » en hommage à Clément Marot qui baptisa ainsi le rondeau redoublé lorsqu'il le créa parfaict. Avec un C comme en vieux français « rondeau parfaiCt », « quinsonnet parfaiCt »... Holà ! Maître Jacques ! Ô Jacques Besserer, maître de ces lieux ! Du papier ! Vite ! et de quoi écrire ! Une seconde encore... Je choisis mes rimes... « net » masculine, hommage au sonnet... « tique » féminine en raison de ses distiques ! Pluriels et singuliers ; Maestro ! S'il vous plaît.

Donnant un air plus souple aux rimes en chenet, a
Bombant la rime plate avec des balconnets, a'
Fait de quatorze vers tels les premiers sonnets, a'
Sur les doigts d'une main comptons le « quinsonnet » ! a'

Ô sonnet de cinq stances ! Sonnet fantastique ! b
Sonnet de deux quatrains flanqués de trois distiques ! b'
Sonnet pentamorphique aux traits post-marotiques b'
Tirant sans s'allonger sur sa forme élastique ! b

Sorti tout frais moulu de l'intime carnet a
Du poète, et né dans son secret jardinet ! a

Déclinant sur deux rimes son cours phonétique, b
Sonnet se prolongeant dans sa pensée plastique ! b

Du sonnet de Pétrarque enfant le plus jeunet ! a
Sonnet qui ne l'est plus mais qui reste un sonnet... a

Je passe les ratures...

Joli petit boulot, Francis, mais pourquoi l'alexandrin plutôt que l'hendéca ou le décasyllabe ?

— L'alexandrin c'est le vers du sonnet des voyelles ; celui de tes sonnets, Arthur ! Une façon de me rapprocher encore de toi : douze pieds c'est le tour du cadran de l'horloge ou du soleil, celui de la rosace de l'Éternité.

Maintenant qu'elle est née, libérons cette forme de ses schémas de rime. Elle s'étendra, comme le sonnet, jusqu'à sept rimes. Sa forme sur sept rimes se nommera le quinsonnet extrême. Je traiterai des autres formules dans mon instructif de versification. Tu voulais des formes nouvelles ? En voilà, mon frère Arthur. En voilà au moins une !

J'ai faim. Je ne veux pas sortir de ce ventre de pierre où l'on mange, où l'on boit. Est-ce toi que je vois à l'une de ses tables, Arthur ? Peut-être la mienne... Est-ce toi que je sens ? Est-ce toi que je bois ? Une bière, vite ! Enfer ! on me demande un autographe ! Que répondre alors ? Laissez-moi je vous en prie ! Je dîne avec mon ami Rimbaud... Allô, police, ambulance, un poète de plus chez les fous, camisole de force, etc.

— A quel nom, s'il vous plaît ?

J'écris le nom. J'oublie le nom en l'écrivant, et le mien aussi...

— Francis, un regard, s'il te plaît ! La distraction des artistes, on prend cela pour du mépris ! Sors de ton cœur ne serait-ce qu'un instant, celui d'un regard...

Je hais le mépris ! Je vous en supplie, mademoiselle, ne croyez pas que je vous méprise ! Je veux dire par là que c'est une méprise ! Je ne suis pas là, c'est tout ! Je suis ailleurs dans ma Réalité ! La vraie ! Vous savez ? La vraie ! Peut-être que vous aussi ! Vous avez un air...

attendez, un air... l'air de quelqu'un... d'une personne que j'ai déjà vue ! Où ça ? Dans un poème d'Arthur ! oui ! C'est ça ! Vos mamelles sublimes ! Suis-je obscène en les regardant ? Ce ne sont pas les vôtres que je regarde ; ce sont les siennes... Je veux dire, oui, les siennes ! Celles du poème ! Et pourtant ce sont les vôtres ! Arthur ! Dis-lui, toi ! Tu sais tout ça mieux que personne ! Tu l'as écrit... Dans dix secondes, mademoiselle, je vais avoir envie de vous faire l'amour ! Permettez-moi un instant... Cela ne vous ennuie pas que je termine ce que j'ai commencé là ? Oui, c'est un poème ! Oui, ma bière aussi ! Quoi ? Un quinsonnet. Oui, c'est la forme. Une forme fixe. Une boîte enfermant l'infini ! C'est un peu comme vos seins, mademoiselle ! Ils ont un contenant mais leur forme extrapole ce contenant jusqu'au-delà de leur au-delà propre ! Je suis en eux. Ils sont en moi. Nous sommes en train d'y voyager, mademoiselle, mon ami Arthur et moi-même... Vous êtes Guenièvre et je suis Lancelot... Je ne peux pas vous toucher car vous êtes à lui ; je veux dire à Rimbaud... Pourtant je suis en train de vous faire un enfant. J'en ressens le frisson ; les caresses ; la mort aussi... Vous êtes Lorelei ! vous nagez dans ma bière... Je vais mourir, mademoiselle, si vous ne partez pas ! Où en étais-je ? Ah oui...

Au Cabaret-Vert, cent vingt ans après

Quinsonnet parfaict

Octobre 1990

Dégrafant de ton cœur dormant chaque bouton,
Servante du passé ! Tes énormes tétons,
De mes vers qui te cherchent font leurs rejetons !
Souvenir mamellaire de fleur en bouton !

D'une flamme en bouton, qui de fièvre ou de froid
Tremble dans le silence ! Ou peut-être d'effroi !
Telle une âme percluse dans le noir beffroi
Du château de l'absence où se perd mon sang-froid...

Comme j'aurais voulu poser sous ton menton
Ce vertige, en prélude au long baiser glouton !

Celui qui dans ce temple du vieux Charleroi,
Aurait, du prince Arthur, à seize ans, fait un roi...

Ô Jacques Besserer ! Mon ami marmiton !
Que ne suis-je resté ce poète avorton ?

Il ne faut pas que cela se termine ! Cette fille est la fée de ce cabaret vert ! Par elle je bascule en un temps fait d'espace où j'épouse ton âme, Arthur ! Où j'épouse ton âme... A nouveau le papier ! nous deux dans ce cosmos blanc... Allons jusqu'au bout, d'un « quinsonnet extrême ».

Au Cabaret-Vert, cent vingt ans après

Quinsonnet extrême

Octobre 1990

Au Cabaret-Vert, cent vingt ans après Rimbaud,
Me voici l'invité du poète ribaud !
Me voici, faisant bonne chère à bonne table ;
Augmentant, de mes rêves, l'espace habitable ;

Cherchant mon frère Arthur, mon grand-père divin,
Dans chaque pan de mur ; dans le pain ; dans le vin...
Toi qui frôlais vingt ans quand naissait ma grand-mère,
Tourmenté comme moi par la même chimère !

Arthur ! En ce soir d'octobre quatre-vingt-dix,
Je fais ce que tu fis ! Je dis ce que tu dis !

Et je t'écris ces vers comme une lettre ouverte
A l'ami disparu ; sur cette nappe verte ;

Dans ce cabaret vert, où, reçu comme toi,
Je revis ton passé dans le vieux Charleroi...

Au Cabaret-Vert, cinq heures du soir

Arthur Rimbaud

Octobre 1870

Depuis huit jours, j'avais déchiré mes bottines
Aux cailloux des chemins. J'entrais à Charleroi.
— Au Cabaret-Vert : je demandai des tartines
De beurre et du jambon qui fût à moitié froid.

Bienheureux, j'allongeai les jambes sous la table
Verte : je contemplai les sujets très naïfs
De la tapisserie. — Et ce fut adorable,
Quand la fille aux tétons énormes, aux yeux vifs,

— Celle-là, ce n'est pas un baiser qui l'épeure ! —
Rieuse, m'apporta des tartines de beurre,
Du jambon tiède, dans un plat colorié,

Du jambon rose et blanc parfumé d'une gousse
D'ail — et m'emplit la chope immense, avec sa mousse,
Que dorait un rayon de soleil arriéré.

Au Cabaret-Vert, cent vingt ans après

Sonnet

Octobre 1990, Cinq heures du soir

Soudain, je vois mes yeux ! Je n'ai pas de bottines
Mais des bottes, couleur de l'air de Charleroi !
Dans ce cabaret vert, jambon beurre et tartines
Cèdent à de fins mets le couvert chaud ou froid.

Si, bienheureux, j'allonge à mon tour sous la table
Une jambe, puis l'autre, en contemplant, naïf
Tes vers couvrant les murs, d'une veine adorable,
Tracés par tes yeux clos, mes mots s'écorchent vifs !

Où donc es-tu, Rimbaud ? Toi que, lors, point n'épeure
Le baiser de la Mort ?... Des tartines de beurre !
Vite ! Maître Jacques !!! Dans un plat colorié !

Donnez-moi du jambon parfumé d'une gousse
D'ail ! Tiède rose et blanche ! Et, dans l'eau d'or qui [mousse,
La fille tétonnue qui m'a cabarriéré !

LE RÊVE D'ADAM

Le rêve passe à présent... Tu me quittes... La fille est sortie ; il faut que je la trouve, et, seulement si elle me le demande, que je la viole tendrement. Je sors. Elle a disparu. Il fait froid. Je suis à Charleroi, j'ai seize ans, « les poings dans mes poches crevées » ; « mon paletot aussi » devient « idéal » et je suis le « féal » de cette « muse » à la mamelle énorme qui m'a jeté dans ce tourbillon d'impressions et s'est évaporée avec mon autographe.

A présent je me souviens. Tout a dû commencer ainsi, lorsque j'étais archange. Je devais être détaché à la surveillance d'un troupeau d'âmes en attente d'un corps céleste avec pour mission d'empêcher les incarnations illicites. Ce devait être lors d'une pause. Attablé, seul, dans une taverne éthérique, griffonnant quelques pensées sur la nappe vert azur qui nimbait un nuage, je devais être ainsi quand un esprit mamellaire, s'approchant soudain de moi, me demande un autographe. Et là je craque. Je l'incarne illicitement pour mieux lui sauter dessus. Je trouve ça tellement bon que je recommence. Une bande de potes archanges se joint à moi et

voilà... D'incarnations illicites en incarnations illicites, une lésion se crée dans la synergie divine. Et plus les filles d'Adam sont belles et plus mes potes archanges et moi on baise les filles d'Adam ! (je suis sûr qu'Arthur était dans ce coup-là)... plus je trahis ma mission plus le mur opaque se dresse entre Dieu et ses créatures, entre Elohim et ses fils. Mes potes archanges et moi on chute, on perd nos ailes, on perd notre œil, notre émeraude frontale et c'est l'enfer. L'enfer partout, la fin du paradis. Il faut que je retrouve cette salope et que je lui dise d'arrêter de me faire signer des autographes pour m'exciter avant de disparaître encore et toujours, d'incarnation en incarnation, « ô le temps vienne où l'on s'éprenne » ! Il faut que je sache un jour pourquoi j'ai fait ça, je ne veux pas avoir trahi Dieu ! Arthur non plus d'ailleurs... « Non », me dit le vieil homme. Il surgit dans ma tête, il me parle comme dans mes rêves. Je ferme les yeux pour mieux le voir. Il me dit : « Tu n'as pas trahi Dieu, tu n'as fait qu'accomplir sa volonté, pas la tienne ; et puis d'autres choses encore que je garde pour moi... Le secret de Lucifer... » puis il redevient le vide, le noir dans mes yeux...
Il y a ce visage enturbanné d'éclipses.
Il y a ce ruban d'images découpées.
Cette étoile qui brille au ciel même en plein jour.
Ce monde à constituer.
Cet ouragan de flamme, de neige et d'argile.
Ce fleuve déversé. Cette force fragile.
Cette encre sympathique où prend corps le silence.
Il y a ce sentier qui s'étouffe et qui bruit.
Ce Dieu qui va son rock dans la voix de Jimmy
Qui dit regardez-moi, je suis un ange en change.
Il y a ton regard verrouillé par l'amour...
L'impossible...

Un lendemain sur l'huile attisée par le feu
qui m'ébouillante et pleure.

Il y a ce démon qui sourit dans le jardin de mes ivresses, tendre comme un instant de pure découverte. Le drapé des nuages en lutte avec le jour. Le linceul de mes rêves. Le chaos. L'inutile. Tout ce qui n'a pas de sens. Le désordre bien sûr ; tous ces recours sacrés face aux lois qui nous enchaînent. Ce désir extrême de réveiller l'oubli ; de dire aux humains qui se cherchent : Écoutez ! Cette image dans le miroir ? Vous croyez que c'est la vôtre ? C'est un mirage ! Car vous n'existez pas. Le monde entier n'est qu'une illusion d'optique. Il faut lui donner le « bon à tirer » ; l'accoucher ; l'enfanter ; le dégorger ; lui trouver une forme, un sens ; le faire advenir à cette éternité dont je parle sans cesse. L'univers tout entier n'est que le double de Dieu lacéré comme un puzzle par la trace de ses pièces, et dont tous les morceaux désassemblés flottent dans le désordre comme autant de portes d'un même labyrinthe. La grille de ce puzzle est celle de SATAN. Pour que la force divine puisse avorter de ses propres vices de constitution, il fallait qu'elle se mire enfant dans son miroir.

La Divinité

Miroir ! Ô beau miroir, suis-je bien l'immaculée Divinité qui seule règne sur son être ?

Le miroir

Non, Mère divine, car l'image, moins pure que l'objet, révèle ses défauts ! Regarde tes défauts et fixe-les dans ton image ! Alors sous la pression de tes imperfections le miroir explosera, projetant, hors de ton essence, la souillure ; à tout jamais.

L'univers est ce reflet de Dieu lézardé par le mal. Chaque pièce du miroir défait conserve, figée par la mémoire cosmique, un morceau de l'icône originelle. Chacune de ces pièces est une flamme du flambeau de Lucifer. Elle brûle dans la nuit comme un cancer des ténèbres. Chaque fois que deux pièces s'assemblent, le cancer évolue, ronge un peu plus ce ver, comme le ver jadis rongea le fruit. L'ange déchu n'a pas trahi son créateur, il a brisé le miroir qui dénaturait Dieu pour l'isoler de son contraire. Et quand, morceau après morceau, le miroir sera reformé, il y aura identité entre l'image et l'objet ; nous serons, de Dieu, le double positif. La lumière sera ; sans référence à la ténèbre, et l'Univers enfin sera ! Ce sera l'Apocalypse enfin ! Nous sommes tous des hommes préhistoriques, car l'histoire des hommes n'a pas encore commencé. Celle de l'Univers non plus d'ailleurs ! L'histoire des hommes commencera lorsque, noir de lumière, le monde ressuscitera. Pour que la création soit aussi parfaite que l'énergie qui l'a créée, il faut qu'elle se nettoie de son imperfection en enfermant le mal, à l'exemple de Dieu, dans l'image que le monde a de lui-même, c'est-à-dire dans son passé. Tel est l'équilibre à constituer pour que les anges retrouvent leurs ailes et pour que Dieu retrouve ses anges : Dieu crée l'homme pour que l'homme le crée, chacun s'étant délivré du mal, par lui-même, le mal n'a plus alors d'existence, il est aboli. Le verbe être suffit à exprimer la divinité. Le verbe créateur est retrouvé. Il n'y a plus dans l'éther que l'image de Dieu décollée du miroir, le miroir est vide et ne reflète plus que la trace des pièces du puzzle. Privé d'image, implosant à l'infini par absence de reflet, chaque pièce à nouveau se perd dans le vide, et le mal, à jamais, devient le néant. Seule flotte l'immensité divine, la fine pellicule arrachée du miroir, celle de l'image de Dieu purifiée. Cette « mélancolique et vitreuse membrane » dont parle Antonin Artaud, « mais si sensible, si pertinente elle aussi, si capable de se multiplier, de se dédoubler, de se retourner avec son miroitement de lézardes, de sens, de stupéfiants, d'irrigations pénétrantes et vireuses (...) ». Alors commence la fin du monde, enfin, la fin de ce monde amnésique de l'Éternité, l'Évangile selon saint Artaud. « On verra fumer les jointures des pierres, et d'arborescents bouquets d'yeux mentaux se cristalliseront en glossaires, alors on verra choir aérolithes de pierre, alors on verra des cordes, alors on comprendra la géométrie sans espace et l'on apprendra ce que c'est que la configuration de l'esprit (...) ».

Dans la nuit de cette attente, je veux être cet ange qui porte au cœur de la pénombre un flambeau qui ne s'éteint pas ; effaçant le soir pour montrer le chemin de la lumière et ravivant pour le jour la flamme du soleil afin de célébrer le prochain retour à l'âge d'or de l'éternité retrouvée. Dans mon temple déchu, j'erre comme lui, comme un innocent condamné à l'exil en attendant que la lumière soit faite sur toute son histoire et que la vérité puisse éclater en plein jour. Il faudra bien un temps parler de tout cela. Vestige de mémoire...

Ne voyez-vous donc pas que cette étoile qui s'extrait de celles du soir et brille dans l'aurore est celle de l'espoir ? Ô Lucifer ! C'est en exil au pays de Satan comme toi que j'ai rencontré mon étoile ; elle s'appelle Stella. Celle qui vient après les mots parce qu'elle les incarne tous ! mon amante sérénissime ; celle en qui je suis devenu peut-être un jour un homme parce qu'elle m'a baptisé dans ses larmes ; donné le nom d'amour aux pires de mes démons sans que son éclat ne quitte le ciel noir de ces petits matins où j'ai perdu mes rêves. Celle dont l'âme s'est offerte à tous les hommes que je suis sans en exclure aucun par crainte, et sans vouloir privilégier les meilleurs d'en moi-même. Stella, celle que je nommais par la plume Arcanie parce que même réelle je sais qu'elle sera toujours en mon cœur le mystère ; la femme inexprimable. Arcanie : toutes les femmes en une, celle auprès de qui je sais enfin que je pourrai être heureux un jour si je me donne la peine d'y croire ; je veux dire heureux pour toujours. Ainsi m'apparut Stella, vêtue de son âme comme on est dévêtu. Sa curiosité vagabonde, ses yeux comme des brèches dans le néant, grands ouverts sur la lumière, sa façon d'être sur la terre comme depuis sa création, grave et sereine comme une vieille âme enfant, vivant dans le ciel les deux pieds sur la terre. Subtile comme l'eau qui voyage dans l'air et concrète comme le sable au plus fort des canicules. Cette rencontre avec elle comme un éveil au paradis sur la terre ; la certitude soudain que la perfection existe ; qu'il suffit pour le savoir de la rencontrer un jour ; la pureté de ses idées ; la sûreté sans tache, la noblesse immaculée de son jugement, de ses sentiments ; la justesse de son regard sur le monde qui nous entoure ; l'omniprésence de son être : ce puits sans fin vers le ciel... Cette rencontre avec un être qui me semble enfin humain, vraiment humain, je veux dire au-dessus de toute humanité. Ce face-à-face dans la glace du vent qui passe avec une image à laquelle on voudrait pour une fois ressembler. Vouloir s'approcher de cette image, vivre comme elle, avoir un peu de son dessin, de sa pensée, se dire que l'on voudrait s'embaumer de son bonheur, et qu'elle ne souffre plus jamais ; la voir dépecer pour l'autre ce qui reste encore de tristesse en son cœur, de désespoir en sa colère par la seule force d'un amour idéal : cet idéal plus vrai que le réel et qui devient la vie dans l'aura d'une femme ; et que l'homme n'atteint qu'en elle s'il la rencontre enfin. J'ai rencontré Stella, enfin ! comme un être existant au-delà de l'immonde, si différente en tout de ce qui peuple la terre... En entendant sa voix je voyais le cristal ; son visage était comme un rayon d'étoile. Ce rayon d'elle, oui, qui me parvient aussi loin que je sois ! Je m'en suis coupé pourtant ! Peut-être pour en mesurer la longueur en creusant la distance, ou peut-être pour pouvoir dire comme Arthur : « J'ai assis la Beauté sur mes genoux. — Et je l'ai trouvée amère. — Et je l'ai injuriée. » Jauger la puissance d'un rayon d'amour quitte à vivre un temps dans le noir... Dans cette nuit, Stella, je marche et je vole vers toi comme un insecte vers la lumière. Cela me prend dès que le néant m'envahit. Les mille bras de ton aura scintillante lovent ma flamme avant qu'elle ne meure. Tu la ravives encore et tu me donnes ton éclat. Par toi je gomme l'ombre et j'unis le crépuscule à l'aube car tu es la beauté sans faille. Ô toi l'écrin du meilleur de moi-même ! TAMFTC ! Je te ressens si fort qu'il me manque parfois les mots pour être du voyage. Mais ton rayon toujours m'apaise et me dit quand j'ai froid : « N'aie pas peur, je suis toi !» Ô mon serpent nuage ! Toi que réchauffent les mots de mes plus belles chansons, de tout ce que j'écris de la main de mes rêves. Il y a dans ton nom tout ce que je ne dis pas (car on ne dit pas tout même aux êtres que l'on aime) ; EA, notre enfant que je sens à venir et tout ce qui découle de cette source vive... Prends-moi dans tes écailles ! Envole-moi, Stella ! Pourquoi t'ai-je quittée ? Ne soyons plus Pyrame et Thisbé, Roméo et Juliette, éternelles victimes du malentendu. Je veux vivre encore un peu dans ce monde inverti. Je ne sais pas pourquoi ; peut-être à cause de tes lèvres ; de ce naja tatoué sur le tendre de ta cheville ; de ton ventre où je veux faire naître la vie. Regarde, j'ai dans les yeux cette lumière clandestine qui se souvient encore du premier jour des jours ; je la brandis comme une épée dans les

plus folles de mes absences. Citoyenne de Vénus ! Étoile du berger ! Je garde en moi ce joyau qui scintille !
Il y a ce matin qui traverse la pluie ;

Qui s'appelle l'instant quand il n'a pas tes larmes.
Ce moment de chemin qui ressemble à l'absurde
Avec tes mots à toi quand tu ne les dis pas ;
Et qui devient l'ailleurs dans l'éclair de tes yeux.
Cet horizon bleuté dans l'esprit du silence
A l'orée de ton corps qui se couche et s'en va
Comme une écume ouverte...
Il y a ce nuage où le bleu fait son nid ;
Ce jardin de satin qui s'appelle ta peau ;
Cette rosée perlant le doré de tes spasmes ;
Il y a ce rocher qui s'appelle l'orgasme
Et que je touche en toi lorsque tu le veux bien ;
Ce regard d'alizés dans les embruns solaires ;
Un peu de ces volcans où je te trouve enfin,
Sirène m'entraînant dans l'hiver de ses laves
Au fond des océans où le feu devient l'eau !
Cette montée de nous qui sait l'instinct des rêves.
Il y a cet azur qui devient l'au-delà
Quand l'oiseau de tes cris s'envole au fond de moi
Je sens poindre l'orage au terme de mes doigts.
Je vois ton corps s'ambrer de mille paysages
Où se marbre l'amour, et je suis le plaisir
Quand tu me le demandes ;
Et tu prends ton essor, et je pars dans tes ailes
Et je deviens ton corps enfin sous son emprise !
Et mon âme soumise est à ton bon désir !
Je suis le vent ! Il fait comme dans les tempêtes...
Regarde au bout de nous notre chair qui commence !
Regarde ! C'est l'hiver, pourtant je n'ai pas froid !
Je suis sur cette plage où tu renais de moi,

Où je suis vague et toi le sable qui m'absorbe,
Où tu es ciel et moi le feu qui te traverse...

Archange du matin, je vibre au nom de toi ; au cœur de mon étoile ! Que l'Esprit sache enfin que je n'ai pas trahi Dieu, et que je vis loin de lui ce que je vis loin de STELLA...

Vieil homme, parle-moi ! Dis-moi que tout vient à mon fleuve ! Et donne-moi Neftis Isis en une femme ! Que je sois fait d'elle ! De mes quatorze morceaux ne fais qu'un acte d'amour ! Il est temps que mes yeux voient, que mes oreilles entendent ! Il est temps je le sens ! Il est temps à présent ! Où va le vent ? Qui suis-je encore ? Quel espoir sur cette planète en putréfaction ? Quel autre chemin pour moi que celui de mon étoile ?

Comme l'aura de l'or à l'orée de l'aurore
Électrise le soir de mille rayons gris,
Rendant le noir si clair que la lune pérore
Et jalouse se rend aux diurnes abris ;

Comme s'envole au vent l'âme qui le colore,
Le cerf-volant de Dieu, l'astre des coloris :
Le soleil ! fleur céleste attendant pour éclore
Que la lumière soit ! Mon amour ! je t'écris...

Dans le rose bleuté que l'aube d'ambre azure
Je te sens poindre au cœur de l'ardente embrasure !

Écho de ton reflet dans le clair levantin
Je te peins dans le ciel en prélude au matin !

Et je fais un pinceau de ma plus belle plume
Pour dessiner ton nom dans le jour qui s'allume...

Sois, des oiseaux serpentS,
Toujours celui qui esT !
En tout sois mon nuagE !
L'œil de mon cœur astraL !
Les pages que, du cieL,
Aton, notA...

Ô soleil dans ma bouche ! Embrasse-moi sur ma folie. Tu es le plaisir infini ! L'absolu vertige ! L'immortel été. Stella ! Mon ange mûr ! Je veux mordre sur l'arbre le fruit sans son ver ! Message du bonheur ! Ne lâche pas ma main ! J'ai peur qu'elle ne me quitte et tombe de mon bras comme un feuille morte ; comme une plume d'aigle arrachée de l'oiseau royal dans un choc avec l'éclair. Et cette lueur qui saigne... Je me sens dériver sans savoir où je vais, je crois que bientôt je ne serai plus là ; définitivement. L'ivresse enfin sera pour toujours mon état de nature. De plus en plus rejeté par les hommes et pourtant si pleinement heureux. Viens avec moi dans ce bonheur ! J'ai si peur qu'il ne t'échappe ! Dans cet ailleurs qui marche, ce tympan de la nuit, ce moment de comète et qui ne finit pas, j'ai peur de m'envoler comme un ballon s'enfuit de la main d'un enfant ! Je serai loin bientôt, de tout ce que tu crois être la vie, de tout ce que tu cherches. Je vivrai seul avec le vent sur une planète gonflable, plus légère que l'être. Citadelle imprenable par les cohortes du mal. Je voudrais t'y construire une tour d'où tu puisses me voir venir aussi loin que je sois ; me voir revenir vers toi.

Ne lâche pas ma main ! Sois mes ailes ! Rends-les-moi que je sois en elles ! Que je sois en toi ! Que je sois cet astre écrivant ton prénom. Loin ! Toujours plus loin de ce monde et pourtant dans son ventre, au centre de ses saisons. Légende faite brise ! Impression d'air vierge ! Souffle-moi tes instants ! Qu'ils fassent bruire mon feuillage... Ce chant d'une caresse dans les branches qui te respirent. Dans mes poumons, ce de petit enfant qui se regarde marcher pour la première fois ; c'est moi ; chaque fois que je t'aime et que je pense à toi ! Chut... Il faut que je la retrouve...

Un bruit de pas dans la pénombre. Il fait noir dans mes yeux soudain quand je les ouvre. Où suis-je ? Arthur ! Où donc est-il passé ? De petits ricanements martèlent le silence. Il fait de plus en plus froid. Drôle de froid ! Drôle de rire ! Arthur ! Où donc se cache-t-il ? Le vent se lève, il me prend mon chapeau ! La poussière m'aveugle ! Arthur ! Je t'en prie, donne-moi le chemin ! Bruit de train ! Bruit d'orage ! Non, tout cela n'existe pas ! Je crois que je suis ivre ! Cet air en est la cause : « On sent donc quoi ? / Des gares tonnent, / Les yeux s'étonnent, / Où Charleroi ?... » Je ferme les yeux, le noir à nouveau. Le trottoir est d'« herbe noire ». Il faut croire à ses visions surtout quand on n'y voit plus rien. Je sens comme une main qui me prend par l'épaule, courons ! vite ! Il va pleuvoir ! courons nous abriter derrière une rime. Arthur, c'est toi ! cette main ! Le crachin, le vent closent mes yeux chaque fois qu'ils s'étirent ! C'est comme si des milliers de petits soufflets me fouettaient le visage ; des milliers de petites mains me giflant ; une pluie de coups minuscules... « Dans l'herbe noire / Les kobolds vont / Le vent profond / Pleure on veut croire. » Les kobolds ! Est-ce que Paul se mettrait entre nous ? Arthur ! je veux finir ma nuit blanche avec toi ! Le vent retient l'averse, une goutte sur trois semble toucher le sol. Arthur me souffle enfin quelques mots à l'oreille. Il n'y a plus que cette pluie qui tombe sans violence comme dans l'épigraphe d'Arthur à Paul « Il pleut doucement sur la ville... » et moi, comme l'embrasure d'une porte entrouverte ; filtrant l'impalpable...

A Stella

Dans mon océan d'air, comme une algue stellaire,
Un soir, jardin d'Éden ! au vent tu fleuriras...
Demain, l'astre du jour sera l'œil qui l'éclaire,
Et, du rêve de Dieu, Printemps tu jailliras...

Un soir, jardin d'Éden ! au vent tu fleuriras...
Tu loveras mon cœur d'une onde pure et claire,
Et, du rêve de Dieu, Printemps du jailliras...
Tu seras, de mes yeux, l'ère et la nouvelle aire...

Tu loveras mon cœur d'une onde pure et claire...
Amour ! Instant d'espace où tu m'élèveras !
Tu seras, de mes jeux, l'ère et la nouvelle aire...
Alors, d'un nouveau ciel, soleil ! tu renaîtras

Amour ! Instant d'espace où tu m'élèveras !
Demain, l'astre du jour sera l'œil qui l'éclaire !
Alors, d'un nouveau ciel, soleil ! tu renaîtras
Dans mon océan d'air, comme une algue stellaire...

Vole
Vole
Vole
Vole
Vole Pégase ô
Vole Pégase
Cheval de l'air
Vole mon cœur
déploie
emporte moi
envole moi
Vers le soleil
Vers
Vole le bonheur
Sur les plaies de mes ailes
Vole vers elles
ô Pégase ô
chaleur
de la
vole
vole
vole
Vole au pays
vole Pégase
Vole Pégase
Cheval fleur
Vole Pégase cheval
Vole ô Pégase

Fiat lux

Et Dieu créa le four. Et la terre en fusion devint au bout de sa canne un vase magnifique. « J'étais là, j'ai tout vu. » Dieu, puisqu'on en parle au masculin dans notre langue de bois, c'est quelqu'un qui ressemble à Nano. Il est jeune et pourtant il a les cheveux blancs, il a les bras toujours ouverts et il sculpte la transparence. Il prend le néant, il le met dans son four, et là le néant voit le jour. Avec sa divine canne il cueille sa lumière. Avec son divin souffle il lui donne une forme. Au contact avec le vide elle devient solide. Et voilà, le tour est joué, la matière se reflète.

C'est ce que fait Nano, mon ami Jean-Claude Novaro, maître verrier à Biot de son état ; mon maître aussi, puisqu'il m'enseigne son métier, mais surtout mon ami car il incarne pour moi l'amitié pure et simple. Je ne le connais que depuis trois ans, mais ces trois années-là sont pour moi comme des années-lumière. Ça y est, je pense à lui et je sens que j'écris avec l'accent du Midi. Son univers c'est Biot. Tout ce qui se trouve après Antibes est pour lui terre d'exil. Quand il ne souffle pas du verre, il joue au golf ou aux boules ; quand il ne joue pas au golf ou aux boules, il souffle du verre. Son temps il le partage entre ses amis de toujours. Ses meilleurs copains : son chien Blacky, sa chienne Blonde, ses chats Ophélie et Mousse et surtout son pigeon Jonathan qu'il a trouvé, soigné, guéri, élevé comme un fils avant de lui apprendre à voler. Pour moi, Nano ce serait la meilleure façon d'expliquer Dieu aux enfants, mais au-delà de ce qu'il représente par lui-même : il est celui qui m'a montré les gestes de ma pensée. Il m'a rendu la mémoire de cette pierre précieuse arrachée de mon front. Je n'oublierai jamais ce rayon qui m'a traversé l'esprit quand nous nous sommes rencontrés. Ce rayon d'être qui reliait nos fronts par le cœur ; un peu comme si nous nous reconnaissions sans nous connaître ; cette impression d'autre vie... Ce fut immédiat, dès la première seconde nous étions déjà des amis de toujours. Et le feu dans le four m'appelait ; me disait : « Allez, Francis, à ton tour d'être Dieu. » Me voilà donc apprenti Dieu squattant le four de Dieu le père ; décidément, Lucifer, tu es incorrigible !

Mais Dieu Nano prend sur son temps, sur sa propre production, sans que personne ne comprenne pourquoi parmi ses assistants, pour m'apprendre à « faire du verre », selon son expression ; pourquoi ? Lui-même ne le sait pas. Une force qui nous unit, qui nous pousse à parler ensemble le langage du four. « Au début était le four », chaque instant cette phrase vibre en moi. Ce four ! Comment le décrire. Imaginez la maison du soleil. Chaque fois que sa porte s'ouvre, on voit le soleil qui se lève ; et chaque fois qu'elle se ferme, le soleil qui se couche.

Je suis envoûté, envahi par le verre ! Ô Vulcain ! Dieu des volcans, je suis ivre de cette lave qui dort dans cet enfer céleste, j'étais terrien de naissance, airien par la chanson, mérien depuis l'océan, maître du four j'avais le sentiment de devenir un membre de ses flammes.

Citoyen du monde je nais sur la terre, citoyen des airs je suis parole et musique, citoyen des mers je vais sur mon bateau, citoyen du soleil je souffle du verre. « Souffleur de verre, souffleur de vers », écrit de moi Pierre Lartigues ; il ne croit pas si bien dire. Les premiers mots que je dis à Nano furent « Je voudrais souffler mes vers » et lui comprend « souffler le verre »... Confusion ou fusion, Nano m'embarque alors dans son univerre fantastique où je vis à l'extérieur de moi ce qui se passe à l'intérieur lorsque j'écris.

La pensée est une substance fluide, en fusion dans l'esprit comme le verre dans le four. L'écrivain cueille cette pensée comme le verrier cueille le verre dans le four. Puis, pour ailer cette pensée, l'écrivain soufflera sur elle comme le vent sur les nuages ; comme le verrier souffle dans sa canne : le verre et la pensée volent ainsi, gonflés d'air, comme les voiles d'un bateau. L'écrivain, dans l'élan pris par sa pensée, sculpte alors le dessin de sa trajectoire mentale comme le verrier donne une forme à sa bulle. Lorsque cette forme atteint son paroxysme structurel, le souffleur de vers et le souffleur de verre figent ce mouvement dans son point de rupture pour en saisir toute l'amplitude. L'un et l'autre fixent « le vertige » dont parle Rimbaud, l'un et l'autre dessinent la lumière, l'un et l'autre sont poètes. L'un et l'autre expriment la création dans son principe et dans son mécanisme. L'un à l'intérieur prolongé par l'extérieur, l'autre à l'extérieur déclenché par l'intérieur. Grâce à Nano enfin j'ai pu conjuguer ces deux mouvements d'une même âme et surtout retrouver mon identité d'artisan créateur.

Moi je ne savais plus, j'étais perdu. Je n'étais pas sûr de vouloir mourir comme mon frère Archange l'oiseau-lézard, mais sans Nano je l'aurais peut-être fait. Pinocchio enfant se voyant redevenir un pantin de bois : telle est l'impression que j'avais, je me sentais devenir de bois. Ma langue devenait de bois. Au secours, plutôt que la langue, je préfère la gueule, et je bois pour ne plus entendre la langue ; et me voilà buvant et rebuvant comme aux plus mauvais jours de ma vie... Je bois pour oublier cette langue de bois. Cette langue sans résonance et sans autre raison que celle du plus fort, et que je commence à comprendre et même à parler. Je veux retrouver ma langue en Y, celle qui n'appartient qu'à moi seul, que je lance et qui me revient, sans jamais se figer, s'enfermer dans ma bouche ; m'enfermer tout entier ; cette langue qui danse ! Cette langue au carrefour d'elle-même dont chaque coup a trois directions : celle de Dieu, la mienne et l'autre que j'ignore. Alors je cours après moi-même sans pouvoir me rattraper. Je me laisse sur place ! Je me sème ! La course semble perdue, et là Nano me tend le bras, je lui passe le témoin, il me rattrape avec ses jambes neuves et son cœur tout neuf. Et il me traite comme un autre lui-même, comme un artisan, il me parle comme on parle à un homme qui s'habille avec ses ailes. Pas de show-business autour de nous, seulement le four qui boit du verre, et nous pour transmuer sa lumière. Et pas de jalousie de la part de Nano, heureux de voir en moi l'amant de ce qu'il aime, et voulant, en m'apprenant son métier, le partager encore plus fort. Moi qui ne savais plus ce que créer voulait dire, je me suis retrouvé en état de création absolue. J'ai ressenti l'art dans toute sa pureté, encore ! oh oui, encore et encore ! Comme cet air non pollué que l'on respire à la campagne. Et j'ai tout revécu comme si j'étais pour la première fois toute ma vie, mes vies d'avant, celles d'avant mes vies d'avant, retour à la mémoire... Je vois ce présent qui semble sans issue n'être qu'un dernier soubresaut du mal, et j'entends ce grand œil ouvert qui chante l'Apocalypse. Dansant sous une pluie de messages cosmiques, je foudroie l'avenir de mes pensées. Il n'est point nécessaire d'avoir des yeux pour voir ni de connaître pour savoir, il suffit simplement d'avoir le goût d'apprendre. C'est avant toutes choses ce que tu m'as appris, mon ami du silence et des jours de misère. Tu m'as dit « viens souffler du verre » parce que tu l'as lu dans mon cœur.

Aujourd'hui je veux te dire que tu resteras pour moi l'ami des mauvais jours, celui dont on est sûr. Au creux de cette vague où je t'ai rencontré, tu m'as appris un métier qui m'a rendu la force que j'avais perdue : la force de créer. En le soufflant, par toi j'ai retrouvé mon graal. Maître Jean-Claude Novaro dit Nano l'Amitié ! Quand je parle de toi j'ai de la fête dans ma quête. J'entends l'œil soleil qui me chante ton four. Et dans mes tourbillons je me demande parfois si tu n'es pas l'envoyé de mon jumeau des nuages.

Ode to Jim

A Michel Olivier

Moi

J'ai une grande lézarde entre les deux yeux
Dans laquelle un lézard a fait son nid ;

Jimmy

Here come

Moi

D'un côté, c'est l'enfer, et de l'autre, les cieux ;
Le sang d'un indien mort
Sur le bord
Du bitume,
Une amitié posthume
Qui jamais ne finit ;
Comme une plaie de l'âme
Qui me sort sous la peau ;
Le violet d'une flamme ;
Une araignée sous le chapeau.
Le lézard me dit
De chanter, je chante ; il se cache
Dans le trou de ma mémoire ;
Je lui arrache
La queue ; elle repousse,
Douce...

Je m'enferme dans l'armoire
De ma folie ;
Je lie et relie
L'ombre et le noir
De la beauté, l'espoir
Avec l'espérance ;
J'entre en transe : « Entrance ».

Jimmy

Whisper of the darkness

Moi

Le lézard et l'araignée affairés sous mon crâne
A bouffer mon cerveau comme les vers
L'indien sur le bas-côté de la route,
Et le doute
A découvert dans mes vers,
Témoins de la nécrose de mes travaux d'Hercule
(Exode
« Jim's Ode »)

Jimmy

On the storm again

Moi

Et du temps qui ne recule
Que sur ma montre qui avance ;
De glace en bris, de fontaine en jouvence,
Un oreiller de plume à la place du cœur
Je me balance au rythme de la pluie qui tombe sous l'orage :
Promeneur
Solitaire,
Le lézard sort de terre,
Et je sors de mon trou comme on sort d'un garage ;
La fille a disparu ; l'armoire est vide et le noir s'ouvre ;
Je descends dans la rue, il fait froid, je me couvre ;
Et l'orage et la pluie deviennent mes amis ;
Et le lézard me chante un veil air de Jimmy,
De Jimmy to the other side,

Jimmy

Rain...
Pain...
Come on, baby, to the other side...

Michel est assis à côté de moi sans rien dire... Il roule une clope sans rien dire... Le studio plein de vide ressemble à l'oubli. Le temps dort quelque part derrière la console... Assis sur un ampli, Michel regarde mes yeux se fixer dans le vide ; il me dit : « Alors ? » Sans rien dire... « Alors », c'est comme un silence fait de bouts de toutes les phrases du monde... Michel me tend une clope. Sans rien dire. « Du gris... qui vous saoule... que l'on prend dans ses doigts... » Il sourit, Michel, ça veut tout dire. Ça veut dire ces mots qu'on a besoin d'entendre dans les moments-là, mais sans les mots, juste avec un sourire... Qu'est-ce que je fous dans ce studio ? Pourquoi le public n'est pas là ? J'ai l'impression de ne chanter à personne... Michel se lève, sans rien dire, il va greffer une cassette des Doors sur mes yeux fixes, et Jimmy chante : « Time to live, time to lie, time to laugh, time to die, take it easy, baby, take it as it comes. » Michel me parle... Il y a des portes qui s'ouvrent dans ma tête... J'entends « time to walk, time to run, time to aim your arrows to the sun... » Michel me regarde de loin, il attend, attend ma voix comme un chasseur la biche. Il sait que, lorsque Jimmy chante, plus rien ne peut m'en empêcher et j'entonne avec

Jimmy : « Go real slow you'll like it more and more... » Michel éclate de rire et moi je souris très fort. « Let's swim to the moon ! uh ! huh ! let's climb thru the tide ! Penetrate the evening that the city sleeps to hide... » Et c'est parti pour *Moonlight drive.* Sans rien dire... Il y a des lunes folles, je le sais, dans ce « no-man's-land » où Michel, Jimmy et moi jouons ensemble. Le décor change, les lunes restent comme autant de miroirs à traverser. Avec Michel je fais l'école buissonnière du show-business, avec mon frère Félix aussi quand on joue de la guitare ensemble, mais c'est de plus en plus rare ; comme René, il a son chemin sans moi maintenant...

T'en souvient-il de ce temps-là
Ce temps d'avant d'être des hommes ?
Trois frères hauts comme trois pommes,
Nous découvrions tes mots, Art !
Et sous le signe de Mozart,
L'amour seul nous donnait le la...
Le temps passait sans turbulence
Et, pour exprimer le silence,
Pour mieux apprendre à le parler,
A l'écouter, à l'écouler,
Je faisais de tout un poème :
Tartines dans le café crème ;
Morceaux de pain et chocolat ;
Et dans ce calme jamais plat
Tout mon petit monde était là :
Les chats, les chiens, les cochons d'Inde,
Et « Juliette », et « Rosalinde »,
Et les copains de chaque jour
Que l'on s'était faits à l'école ;
Vieux meubles, sous les abat-jour,
Bagarres pour une bricole,
Jean-Félix toujours quelque part

La guitare à l'œil comme au doigt ;
René entre deux cinémas,
S'entraînant au septième art
Et filmant son copain Thomas
En super-huit comme il se doit...
Et puis, les câlins de maman...
Et puis notre famille à table ;
Papa, ce héros de roman
Toujours immense et redoutable,
Son front large et mystérieux,
Qui nous menait, du bout des yeux,
Sur les chemins de la sagesse
En nous comblant avec largesse ;
T'en souvient-il de ce temps-là,
Enfant qui dors au fond de moi ?
Je ne te vois plus sous mon toi ;
Je ne te vois plus dans la glace ;
Un autre, un grand, a pris ta place ;
Un adulte, un monstre, un mutant
Aux traits marqués par chaque instant.
Et lorsque je revois ta bouille,
Sur mes photos, je la gribouille
Pour ne plus avoir mal au vent
De ce temps qui me vient d'avant ;
Qui fait de l'homme un mort vivant...
Aujourd'hui je fais le chanteur,
Félix est un grand concertiste,
Et René, réalisateur,
Tous les trois frères sur la piste ;
Et tout se poursuit quelque part...
C'est pour ça que l'on fait l'artiste ;
Pour garder vivant ce poupard
Du temps de la case départ...

Un air, trois notes, LA LA LA,
T'en souvient-il de ce temps-là ?

« We've stepped into a river on our moonlight drive... » Le téléphone appelle : c'est Lizzie qui cherche Michel de l'autre côté de sa nuit. Dans cet ailleurs où les anges retrouvent leurs ailes, un enfant va venir bientôt qui les inventera. Qu'est-ce que je vais bien pouvoir faire quand je serais grand ? Le général Lassalle disait : « Tout hussard qui n'est pas mort à trente ans est un jean-foutre » et moi, survivant de mes guerres, pourquoi suis-je toujours vivant ?... Je pense qu'il n'y a que lorsqu'il est très vieux qu'un homme trouve sa vie normale. Michel se roule une autre clope, au ralenti, comme il fait toute chose, et je nous vois nageant dans le clair de la lune « on our moonlight drive... » Sans rien dire bien sûr, Michel prépare la console ; il sait que je vais chanter... Un chat noir traverse ma gorge ; je hurle ; je hurle encore ; je défroisse ma voix ; j'accorde mes cordes vocales. « All-right yeh ! » Michel, de l'autre côté de la console, me regarde attendre qu'il me dise « c'est bon ? » En guise de réponse je mets un casque sur mes oreilles ; des fenêtres sur mes oreilles... Jimmy s'arrête de chanter... Michel envoie la bande, et je grave ma chanson pour Jimmy, pour lui, pour les gens qui m'aiment encore, tout seul avec mes anges, comme dans un théâtre. Ils sont tous là cachés dans l'invisible : ceux qui viennent me voir en tournée, ceux qui vont écouter mon disque sur leur platine ou bien à la radio, tout seul dans leur coin, tout seul avec leurs anges ; sans rien dire... Le vent se lève dans ma tête ! Ça y est je vais chanter... Je n'ai qu'à regarder Michel pour savoir si « c'est bien... » Michel aime bien les premières prises, en général il n'y en a pas deux. Après, on s'assoit par terre ; on attend le moment de la chanson suivante, et on parle de Jimmy en écoutant ses chansons, la clope au cœur, dans le noir, sans rien dire...

Un jour je ne chanterai plus ; je sais que ce jour est proche. Peut-être chanterai-je encore pour les arbres, les fleurs et les chemins perdus que j'ai trouvés en cherchant dans le vide, passages secrets de mon âme au vinyle... Alors, fatigué de tout, aspirant au repos de la mort, las de voir l'honnêteté n'être et ne naître que mendiante, le pauvre et sa misère tournés en dérision, la loyauté bafouée, raillée, les traîtres honorés, le pouvoir aux mains sales décorant la honte, la pureté souillée comme on viole une vierge, et la juste vertu injustement salie... la force trahie par la vile rouerie, l'être humain se gâcher dans la voie tortueuse, et l'art contraint de se soumettre aux forces qui l'oppriment... le talent qui s'incline devant la sottise, la vérité devant son contraire, et, mot à mot enfin pour traduire Shakespeare, le bien captif prendre son mal pour capitaine... Lassé de tout cela, je partirai sans doute et je n'emporterai dans mon île déserte intérieure que le souvenir d'un monde révolu où les héros bravaient la nuit. Alors peut-être, après avoir dansé sur les mots de Jimmy, je relirai pour toi, mon amour ! ce sonnet de Shakespeare :

> Tir'd with all these, for restful death I cry,
> As to behold desert a beggar born,
> And needy nothing trimm'd in jollity,
> And purest faith unhappily forsworn,
> And gilded honour shamefully misplac'd,
> And maiden virtue rudely strumpeted,
> And right perfection wrongfully disgrac'd,
> And strength by limping sway disabled,
> And art made tongue-tied by authority,
> And folly – doctor-like – controlling skill,
> And simple truth miscall'd simplicity,

And captive good attending captain ill :
Tir'd with all these, from these would I be gone
Save that, to die, I leave MY LOVE alone.

Puis je prendrai ma plume et, mis en vers français, je t'adresserai ce sonnet par les vagues de mes pensées. Comme une bouteille à la mer il ira s'échouer sur la plage de ton regard... il voguera vers toi, ou bien il volera dans le vent du printemps à dos de cœur, d'hirondelle ou de colombe voyageuse ! Et, dans la tour de ton amour, il te murmurera la lettre de mon âme. En reprenant le sens de ses deux derniers vers, tu liras dans ma voix ;

Tir'd with all these, from these would I be gone
Save that, to die, I leave STELLA alone

et tu auras raison car :

J'aurai déjà quitté ce monde-là
Si le quittant je ne quittais Stella...

Tu ne penseras pas que c'est par lâcheté qu'hélas je vis toujours, tu penseras seulement que je t'aime et que c'est pour cela que je respire encore. Alors tu comprendras pourquoi je suis si loin d'Ithaque ! Tu comprendras pourquoi je suis si loin de toi ! Tu broderas mon linceul pour repousser les barbares qui n'en veulent qu'à ta chair et tu les éloigneras. Tu seras ma Pénélope ; celle qui sait attendre, et que l'on ne répudie pas... Et nous irons tous les deux danser dans les flammes vertes où pour moi seul est ouverte la fleur de ton corps heureux. Les loups se mangeront entre eux, loin de nous, de nos silences ; et loin de ce monde bourreux, nous ferons et nous serons l'amour ensemble...

Sans rien dire, Michel me donne un coup d'épaule... Il sait que je pense à Stella. Il me parle d'elle avec des mots que je ne retiens pas mais dont il me reste toujours la musique... Je lance un dernier baiser au serpent qui brûle en elle ; je me lève de mes rêves ; je marche vers le micro ; Michel est déjà prêt derrière la console ; je ne sais pas encore quelle chanson m'attend ; Michel a choisi celle en laquelle il voit se refléter cet instant comme dans un miroir ; je ne suis plus dans ce studio, je suis au plus profond de la femme que j'aime, et la bande qui tourne est le chemin qui m'enroule autour d'elle.

Sans rien dire...

Ce volume
publié aux Éditions Les Belles Lettres
a été composé
par Nord Compo
et achevé d'imprimer
en février 1994
par l'imprimerie F. Paillart
80103 Abbeville

Florian Huber

Rache der Verlierer